述说与诉讼

南京大屠杀幸存者夏淑琴传

杨颖奇◎著

侵华日军暴行史研究

南京出版传媒集团
南京出版社

图书在版编目(CIP)数据

述说与诉讼：南京大屠杀幸存者夏淑琴传 / 杨颖奇著. -- 南京：南京出版社，2020.12

（侵华日军暴行史研究）

ISBN 978-7-5533-3051-8

Ⅰ. ①述… Ⅱ. ①杨… Ⅲ. ①夏淑琴 – 传记 Ⅳ. ①K828.5

中国版本图书馆CIP数据核字（2020）第217887号

丛 书 名 侵华日军暴行史研究
书　　名 述说与诉讼——南京大屠杀幸存者夏淑琴传
作　　者 杨颖奇
出版发行 南京出版传媒集团
南 京 出 版 社

社址：南京市太平门街53号　邮编：210016
网址：http://www.njcbs.cn　电子信箱：njcbs1988@163.com
联系电话：025-83283893、83283864（营销）　025-83112257（编务）

出 版 人 项晓宁
出 品 人 卢海鸣
策　　划 卢海鸣　朱天乐
责任编辑 孙海彦
装帧设计 王　敏
责任印制 杨福彬

排　　版 南京新华丰制版有限公司
印　　刷 江苏扬中印刷有限公司
开　　本 787毫米×1092毫米　1/16
印　　张 9.75
字　　数 175千
版　　次 2020年12月第1版
印　　次 2020年12月第1次印刷
书　　号 ISBN 978-7-5533-3051-8
定　　价 58.00元

南京出版社
图书专营店

营销分类：社科　历史

国家社科基金“抗日战争研究工程”专项“基于微观史学的‘南京大屠杀’研究”子课题“南京大屠杀300户受害家庭研究”（16KZD016）

南京大屠杀史与国际和平研究院课题“南京大屠杀百余户家庭受害研究”（16YJY04）

序

南京大屠杀微观史学的调查与研究的被提起，是受到了一件事的启发。2014年12月1日，为了迎接首次国家公祭的举办，侵华日军南京大屠杀遇难同胞纪念馆在其冥思厅入口处的墙上，公布了“30户受害家庭南京大屠杀遇难者名录”。这份名录，是在对遇难者家庭分户进行微观研究，将每一户受害者进行梳理，发现一户家庭有7人、6人、5人等不同数量成员遇难后，进行有针对性和关联性的公布，受到了学界、媒体和观众的充分肯定。

对于南京大屠杀这段历史研究来说，做30户遇难家庭受害史微观研究显然是不够的。为什么我们不能做300户呢？本人时任侵华日军南京大屠杀遇难同胞纪念馆馆长、侵华日军南京大屠杀史研究会会长，创新地提出了南京大屠杀微观史研究的课题，并且正式开始了申报国家社会科学基金项目。

2016年初，“基于微观史学的‘南京大屠杀’研究”国家社会科学基金项目，被国家社科办公室列入国家级抗日战争史研究重点课题（项目批准号：16KZD016），并被新成立的南京大屠杀史与国际和平研究院定为重点资助的课题之一。本人作为该国家重点项目的首席专家，主持并组织实施了一系列工作，觉得这是一项十分有意义、有价值、值得去努力的科研项目。

何为微观史学研究？微观史学是相对于宏观史学而言的历史研究。微观史学关注细节，注重对一个事件、一个人物、一种组织或制度等所作考证、比较、叙述性的历史研究。历史学的微观研究是宏观研究的不可或缺的基础。

随着1982年发生的日本文部省修改历史教科书事件，以及1985年侵华日军南京大屠杀遇难同胞纪念馆的建成与开放，南京大屠杀史学研究引起史学界高度的重视和关注，30多年来成果丰硕，但大多数集中在宏观叙事的层面，仍然缺乏对微观史学的深入研究。

南京大屠杀微观史研究，就是通过对南京大屠杀受害者及其关联群体、区域的叙事性书写，充实南京大屠杀的历史叙事，形成包括个人记忆、集体记忆、国家记忆的多层次的历史记忆。说得明白一些，就是过去从宏观层面去发掘南京大屠杀的历史真相，现在需要增加从微观层面的研究，包括家族史和个人的受害史。

该项研究从2016年开始，至2020年结束，耗时五年，与国家“十三五”规划同步。具体通过4个子课题展开。一是“南京大屠杀300户受害家庭研究”子课题组，对南京大屠杀期间最具典型意义的300户受害家庭进行案例研究。综合这些家庭的受害情况和记忆，揭露南京大屠杀期间侵华日军的暴行，还原南京大屠杀期间南京民众的家族受难历史。二是“南京大屠杀档案中的个人与家庭”子课题组，按南京大屠杀发生时的南京区域建制重新编辑、整理史料，整合分存于不同机构的同类型档案，并适当补充过去由于某些原因未公布开放的档案，从而较为全面地、长时段地反映出各街道、里弄的人员伤亡（包括失踪）及财产损失情况，并相互佐证，还原南京大屠杀期间个体（个人、家庭）的历史记忆与所处的历史现场。三是“南京大屠杀期间的难民所研究”子课题组，通过挖掘大量档案资料和开展口述调查，对南京大屠杀期间各难民所的运行管理机制，包括南京安全区国际委员会对各难民所的管理、各难民所难民结构和难民人数的变化、各难民所内部的管理运行，以及各难民所最后关闭等情况进行深入调查研究，揭露南京大屠杀期间侵华日军在各难民所的暴行，揭示南京大屠杀期间各难民所难民的不屈抗争、同胞互救和艰难生存的历史。四是“南京大屠杀期间西方在宁人士生活史”子课题组，将理清南京大屠杀发生前后西方人士在宁的日常生活、他们的人身安全及财产受日军损害的情况、日军对西方人士的态度与实际作为，以及西方人士对日军暴行的制约及其限度。

各子课题组在推进资料调查的过程中，微观史研究方法也在不断摸索中得到提升。以“南京大屠杀300户受害家庭研究”子课题组为例，具有如下几个方面的特点：

第一，组织、聘请了中国第二历史档案馆、南京市档案馆、南京炮兵学院、南京晓庄学院、南京中学、首都经贸大学、日本广岛大学等单位专家学者、教师、博士生及硕士研究生等研究团队，综合调动和运用各方面的力量，群策群力地进行南京大屠杀微观史的研究。新的研究者参与到调查研究中,增加了微观史研究的多视角。

第二,大学生志愿者的参与,突显在历史传承维度下的微观史研究。2017年3月25日,“南京大屠杀300户受害家庭研究”子课题组对来自南京晓庄学院商学院大一、大二共16名志愿者进行了调查方法的培训。同年4月课题组成员徐康英、王南对南京大屠杀幸存者张福智的女儿张腊云进行采访时,大学生志愿者参加全程采访,并结合问题进行提问。当天采访结束后,还就采访录音、照片整理等相关具体技术问题进行了座谈与交流。

第三,在调查过程中南京大屠杀幸存者家属成为课题成员参与调查,丰富了研究的“当事人”视角。如南京大屠杀幸存者常志强的女儿长期陪同父亲参加证言活动,不仅仅熟悉幸存者常志强的受害经历,同时以女儿的角度理解当事人的心理、情感,能从内外诠释幸存者常志强的个人记忆。此外,她作为家庭成员还参与了父亲的生活史,如拍照记录了幸存者常志强每次的绘画(及其构思)。这样碎片化、经常性、及时性的记录与收集,有利于构成更加完整的受害者家庭史,丰富了受害者个人为主体的历史解释。更为重要的是,这样的探索对微观史研究中的“当事人”采访提供了新的视角。

另外,在对南京大屠杀微观史学的调查与研究中,我们应当重视对南京大屠杀中具有代表性的幸存者生平的调查与研究。这些具有代表性的幸存者,其一生颇多坎坷曲折。他们家庭及个人在南京大屠杀那场人类浩劫中所遭受的劫难,给他们的一生都带来挥之不去的痛苦记忆。所以,在后来的人生旅程中,他们或述说侵华日军对南京30万以上同胞进行骇人听闻的大屠杀暴行,或控诉日本兵对他们家庭及个人所犯下的罄竹难书的累累罪行,或反击日本右翼分子对南京大屠杀历史真相的掩盖与否定,或捍卫他们自己作为那场劫难见证者的不可污蔑的名誉权。

有鉴于此,我们认为对南京大屠杀中有代表性的幸存者生平的记述,亦即为他们立传,就具有特别的重要性与现实性。在调查与研究的基础上对他们一生的经历进行系统叙述,可从某个特定人物的微观视角,更清晰、更具体、更真切地反映南京大屠杀这一无法撼动的历史事实。

《述说与诉讼——南京大屠杀幸存者夏淑琴传》一书,通过对有关夏淑琴生平的诸多种历史资料、档案与文献资料、口述及证言资料、新闻报道材料等的研究与整理，能够比较全面地叙述南京大屠杀幸存者主要代表人物之一夏淑琴的一生。包括对她以幸存者身份参加各种类型的主要纪念活动、证言集会，以及捍卫名誉权、参加国家公祭等方面的撰述内容与历史图片。其中既重点展现其为惨遭杀害的家人和30万死难同胞诉说的经历，也重点记述其起诉、应诉、反诉日本右翼分子的造谣污蔑，并彻底获得胜诉的这一有重要影响的典型案例，从而记录下她为捍卫南京大屠杀的历史真相所作出的不懈努力与可贵贡献。

感谢南京出版传媒集团项晓宁董事长，南京出版社卢海鸣社长、朱天乐主任对本书的编辑出版给予的关心与支持。恳切希望本书的出版与问世，能够为深化南京大屠杀史研究提供一个小小的窗口。

是为序。

朱成山

前　言

2014年12月13日，天气特别阴冷，空气特别凝重！

这一天，是南京大屠杀这一震惊人寰的惨案发生77周年的日子！

上午10时，中国首个南京大屠杀死难者国家公祭仪式，在侵华日军南京大屠杀遇难同胞纪念馆举行。

中共中央总书记、国家主席、中央军委主席习近平搀扶着南京大屠杀幸存者代表，与少先队员代表一起，为国家公祭鼎揭幕。其中南京大屠杀幸存者代表，就是85岁的夏淑琴老人。

夏淑琴何以能够成为南京大屠杀幸存者的代表，其身世、生平又如何？

夏淑琴家庭在南京大屠杀中有着怎样悲惨的遭遇，她自己怎样身负重伤却又艰难而奇迹般地活了过来？

夏淑琴怎样远赴日本、美国，为伸张正义而高声呐喊，又为捍卫自己的名誉权而顽强申诉？

夏淑琴为让今天及后来人铭记这段历史而做着怎样的讲述，同时又怎样竭尽所能地为呼吁人类和平而奔走奋斗？

本书以历史事实为根据，同时配以大量珍贵的历史图片，述说与展现夏淑琴艰难、曲折及传奇的一生，并重点解答上述疑问。

目　录

第一章　风雨伴童年

1929 年 5 月 5 日，风和日丽，草长莺飞。

中华民国政府的首都南京，正是繁花似锦的明媚时节。春风早已吹绿了长江两岸，娇艳的牡丹、靓颜的芍药正次第开放，粉嘟嘟的蔷薇花也挂着晶莹的露水，一簇一簇地笑迎着从紫金山后冉冉升起的朝阳。

这天，在南京中华门内新路口 5 号，一座普通的院落内，从一个房间传出一个刚出生婴儿的啼哭声。这个在美好的季节里来到世间的婴儿是个女孩。她，就是本传记的主人公——令世人关注的夏淑琴。

夏家所住的这个 5 号院，位于中华门内东侧马道街的中段，木匠营的南端，小心桥西一段，清代称为新路口。1950 年，此处并入马道街。①

新路口 5 号院的房主，是回族，哈姓，世居在此。夏淑琴家就租住在这座院落的 2 个房间里。哈家有个卖馄饨的老奶奶，姓马，小小脚，白头发，脸瘦瘦的，常包着头，人很善良、慈祥。老奶奶有个儿子叫哈国栋，开炒货店，也卖牛肉，人勤劳精干。其妻个儿较高，身材丰腴，忙于操持家务。他们夫妻俩生有两个女孩，年龄都比夏淑琴要小些。哈家住院内靠后房间，夏家住靠前房间。哈家或得益于做点小生意，并有些房租，故家境较好。哈、夏两家共十几口人同住一个院内，能够和睦相处，有事互相帮忙，小孩们也常在一起玩耍，如同一家人一样。

夏淑琴出生时，夏家共有 7 口人，父亲名夏庭恩，勤劳肯干，35 岁左右；母亲夏聂氏，贤惠善良，30 岁左右。在夏淑琴出生前，已有大姐夏淑芳，8 岁；二姐夏淑兰，4 岁。另外，夏淑琴的外公聂佐成，60 多岁，曾为小银匠，年老后停业在家，外婆聂周氏，也已 60 多岁。他们就住在女儿家，帮着带带孩子和做些家务。

夏家虽为老南京人，但当时却没有属于自己的住房，也没有什么商业门店，属普

① 参见《南京地名大全》编委会编：《南京地名大全》，南京出版社 2012 年版，第 955 页。

通的市民家庭，处于社会的下层，生活是比较艰难的。

夏淑琴的父亲夏庭恩没有公职，但他凭借着自己的勤劳肯干，以及不多的一点文化，在外努力地做点小生意或其他事情，以便挣点小钱养活全家。据当时住在小荷花巷的夏淑琴舅妈王芝如回忆，那时只看见夏淑琴父亲拿一块长方形的黑色小板挟进挟出，每月挣 30—40 元，不够维持生活。

夏淑琴的母亲也同样承担着维持家庭生活的重担，辛勤地操持着全家人的吃饭穿衣，缝缝补补是经常要做的事情。照料、抚养大女儿、二女儿已使她备受艰辛，但她还要努力地为丈夫做点什么能帮上手的事情。

尽管生活艰辛，但夏家一家人上慈子孝，和顺安详！

夏家第三个女儿，也即夏淑琴的出生，为父母亲带来欣喜。当然，对夏淑琴的父母亲来说，内心里还是期盼着这第三胎能够是个男孩。现在既然上天将这个女孩送到夏家，应是前世有缘吧！

夏淑琴的出生，自然增加了生活本就艰难的家庭的负担，于是，夏庭恩更加努力地在外做着事情，同时妻子又要耗费更多的精力来照顾这个小生命。好在大女儿乖巧，也能尽力地帮助母亲照看自己越来越喜欢的这个小妹妹。

小淑琴在家人的呵护下一天天地长大，学走路，学说话，学做事，活泼快乐地成长着。有时她在姐姐的带领下，爬到中华门城堡顶上去玩。站在高高的城墙上，可以远眺周围起伏不定的大小山峦，仰观南来北往的翔鹰飞雁，指瞧白墙青瓦的夫子庙街巷，俯看穿行于各家店铺门前的熙攘人群。有时她也手拉着小淑琴，兴冲冲地去城堡前后的内外秦淮河边玩。当倚着中华门外古老的长干桥栏，依稀可见群群鱼儿在水中自由自在地摆尾逐嬉，偶然也可见三两只白鹭翩翩飞来，轻盈地落停于岸边，张嘴伸脖，仔细地在水草石隙中找寻着什么，吞吃着什么。

说起邻近夏淑琴家所住新路口 5 号院不远处的中华门、秦淮河，从古到今可是享有盛名。

中华门位于南京城正南，明代称聚宝门，于明洪武二年至八年（1369—1375），在南唐都城江宁府和南宋陪都建康府城之南门旧址处拓建而成，为南京明城墙 13 个城门中规模最大的城堡式城门，是中国古代一座具有重要军事防御性质的建筑，也是近代历史上保存较为完好、结构较为复杂的古城堡。其布局严谨、构造独特，气势雄伟，实为罕见。如做具体考察，发现该座城堡共有三道瓮城，统由四道券门贯通，而主楼即第一道城门分作上、中、下三层，高达 21.45 米，最上层建有庑殿式重檐筒瓦顶的“镝楼”。城堡上下共布设有 27 个藏兵洞，可藏兵 3000 余人，甚为奇特。门前门后分别有外、内秦淮河自东向西缓缓流过，门南连接着长干桥，门北连接着镇淮桥，一门两桥是南京老城南交通咽喉之所在。

此门缘何冠名聚宝门，说起来还有一段传奇故事——

中华门门额

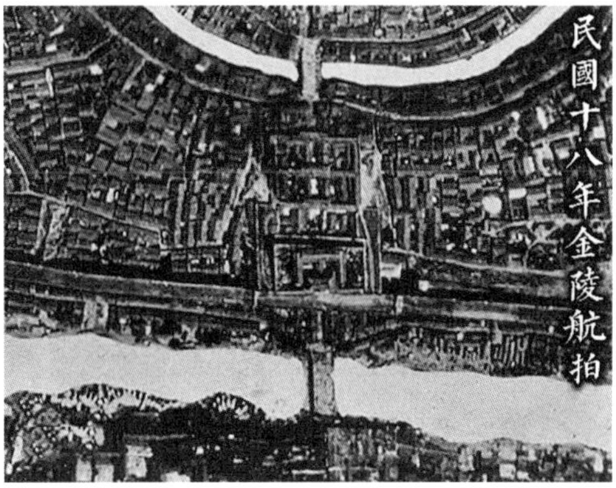

中华门城堡（1929 年航拍）

追溯至明朝开国时，明太祖朱元璋定都南京（当时称应天府）后，开始修筑内城城墙。但其城墙最南端的南门因为根基不牢，屡次建造，屡次坍塌，反复几次均未成功，朱元璋甚是恼火。此时有谋士建议把吴县（今为江苏省苏州市吴中区、相城区）富翁沈万三的宝物聚宝盆埋压在城门基础土层下面，这样城门基础就不会下陷了，城门自然就可建成。

朱元璋闻言大喜，当即采纳了谋士建议，下诏强行征收沈万三的聚宝盆，并将该聚宝盆埋压在城门的建筑基址下面。说也神奇，有了聚宝盆的埋放，城墙根基不再下陷。随后，中华门及其瓮城就顺利地建造了起来，命名为“聚宝门”。后来疑忌心很重的朱元璋，惧怕富可敌国的沈万三造反，便以各种理由给其添加了几条罪名，发配至云南边疆充军。

当然也有另一种说法，称聚宝门外有个聚宝山，故该门以此山名冠之。传说归传说，争议归争议，但聚宝门的名字一直延续下来。到了 1931 年，中华民国国民政府将聚宝门改名为中华门，时任国民政府主席的蒋介石为其题写了匾名。当时为满足车辆南北向顺畅通行，还在中华门东西两侧，分别辟有中华东门和中华西门。

正因为中华门城堡所具有的重要军事与交通地位，故后来中国全民族抗日战争爆发后，这里就成为中国军队进行南京保卫战的主要血战场所之一，此为后话。

话说在中华门外侧、内侧静静流淌着的秦淮河，也有着诸多似有似无的历史传说。

秦淮河，发源于距南京不远的句容宝华山与溧水东庐山，古名龙藏浦，汉代起称淮水。相传秦始皇东巡会稽过秣陵，以此地有“王气”，遂下令在今南京市区东南“凿

秦淮河

方山，断长垄”，开筑此河通长江以破之，于是有了秦淮河的名称。但有后人怀疑此说，认为该河为自然河道，既非人工所掘，亦非秦始皇所开。

秦淮河因见于唐朝大诗人诗作而名盛。一见杜牧所作《泊秦淮》，称“烟笼寒水月笼沙，夜泊秦淮近酒家。商女不知亡国恨，隔江犹唱后庭花”；再见李白所作《留别金陵诸公》一诗，其中有“六代更霸王，遗迹见都城。至今秦淮间，礼乐秀群英”名句。

北流而至的秦淮河流经南京通济门外九龙桥后分为两支，一支由东水关入城经城南夫子庙一带出西水关，此段称作内秦淮，而内秦淮很早以来，便以“绮窗丝幛，十里珠帘，灯船之盛，甲于天下”而名扬，古代的达官贵人们多聚居于此繁华胜地；另一支由通济门经中华门绕行城外，称外秦淮，外秦淮兼具护城河作用。这内、外秦淮河在西水关汇合后北流入长江。因秦淮河与南京古老文化之间的密切联系，所以被称为“南京的母亲河”。

就在夏淑琴天真无邪成长的日子里，雄壮的中华门城楼依旧屹立在城墙之上，巍巍然日夜护卫着南京城；而内外秦淮河岸边悬垂的柳树枝条，依旧婀娜多姿地摇曳着，并且时不时地招来些小鸟，成群地跳落在飘飘荡荡的枝条上，欢快地啾啾鸣叫，并左顾右盼着呼唤其他同伴。

日复一日，年复一年，夏家的生活如同春夏秋冬四季轮回，没有大的变化，艰难的日子就这么一天一天地挨着过去。

然而，外面的世界却发生了巨大的变化。自 1840 年中英鸦片战争开始，有着 5000 年文明史的中国，就不断地遭受着世界列强的欺负和侵略。它们用大炮轰开中国闭关锁国的大门，中国近代史上第一个屈辱的不平等条约就在南京签订。偌大的中国，竟一步步沦为殖民地半殖民地社会，有着数亿人口的中华民族，正遭受着步步加深的苦难。

就在夏淑琴出生之前两年，即 1927 年，中国的近邻日本，就制定了先夺取“满蒙”，后夺取整个中国，进而再吞并亚洲、称霸世界的狂妄计划，并紧锣密鼓地将此侵略野心付诸具体行动之中。

夏淑琴出生的1929年，日本正随西方各主要资本主义国家一道，陷入了世界空前的经济危机。这场影响巨大的经济危机，不但使得日本的经济严重衰退，而且也导致日本国内的政治危机不断加深。

在这样的大背景下，已走上帝国主义道路的日本为了摆脱日益加深的政治经济危机，以及首先实现夺取中国东北的计划，遂于1931年蓄意制造了九一八事变，随之侵占中国整个东北，并于1932年3月，操纵建立了伪满洲国傀儡政权，扶植清朝逊帝溥仪为“儿皇帝”。

1932年1月28日，日本帝国主义又在上海进行挑衅，制造了震惊中外的“一·二八”事变。上海可是南京的屏障，上海若失，南京不保。于是，首都南京第一次遭遇因日军进逼而带来的严重危机。在此情况下，南京国民政府仓皇撤至河南洛阳。此时，南京人民第一次感受到了因日本肆意扩大侵略而带来的生存危机。后来因国民政府的屈辱让步，而使此次危机得以暂时度过，但却也让包括夏淑琴一家人在内的南京市民，心有余悸地惊恐一场。

日本帝国主义侵占中国东北三省之后，仍贪得无厌地继续扩大对中国的野蛮侵略。继进占长城关口之后，又于1935年在华北制造系列事变，叫嚣要让“华北独立”，此举迫使奉行“攘外必先安内”政策的国民政府，进一步退让妥协。

日本帝国主义咄咄逼人的侵华行动，以及国民政府坚持对内用兵、对外妥协的错误方针，激起全中国人民的反对。1936年12月12日，东北军将领张学良、西北军将领杨虎城二位眼见山河破碎，在民族危亡之际毅然发动西安事变，扣押蒋介石及其随行军政大员，逼蒋迅速停止内战，一致抗日。后西安事变终在中国共产党的有力斡旋，以及各种内外因素的共同作用下得以和平解决。随之，以第二次国共合作为基础的抗日民族统一战线建立，全国抗日局面逐渐形成。

所有这些日本帝国主义侵华、中华民族面临生死存亡关头的大事，对于只有几岁的夏淑琴来说，是没有什么印象和感受的。只要能够吃饱饭，她就很快活。虽然已到上学的年龄，但是因为家境的困难，以及在当时的社会环境下，一般的家庭也并不重视女孩上学，所以她的父母亲没有送她去学校读书。因此，她常常眼巴巴地看着不多的男孩和更少的女孩，背着书包去学堂。偶然路过小学校外墙边，听到里边传来朗朗的读书声，她的心里总是羡慕得痒痒的。

夏淑琴虽然没能有机会上学，但她已可以帮家里大人做些力所能及的事情，如帮妈妈拣拣菜、洗洗碗、扫扫地等。空闲时间，还可以和邻居小伙伴们尽情地玩耍。她最高兴的时候，就是在春节期间，能够和爸爸、妈妈、姐姐，一块儿去临近的夫子庙赏花灯，看社火，甚至还可以买些小吃品尝一下。

在夏淑琴的印象中，两个姐姐对她都很好，特别是她的大姐淑芳，人长得很漂亮，鹅蛋脸，皮肤很白，个儿也高，有什么好吃的都让着妹妹，在家里常帮父母亲做许多事；1937 年时，大姐已订婚给人家，但妈妈舍不得她走，说还小，才 16 岁；二姐长得也很可爱，水灵灵的大眼睛，圆圆的脸蛋，那年也就 14 岁，她除了在家里帮父母做点事情外，还常带着小妹妹玩，以免爸爸妈妈操心。

在夏淑琴之后，母亲又为她生了两个可爱的小妹妹，大妹夏淑芸，比她小 4 岁，二妹夏淑芬，比她小 7 岁。自打有了第二个小妹妹后，已有七八岁的夏淑琴，还以小姐姐的身份，承担起了照看小妹妹的部分任务。别看她人小，但干起活儿来，还是很认真的。所以，家里的外公、外婆，爸爸、妈妈，都很喜欢这个又听话又勤快的三女儿。

就这样，夏淑琴在这普通但却和睦的家庭里成长着，她感受到家里生活的困窘，体会到父母亲的辛劳，所以她自懂事后，就渐渐地做到不惹爸爸妈妈生气。她时常忽闪着一双明亮的大眼睛，穿着姐姐们穿过的打着补丁的小衣服，扎着自己梳理得齐齐整整的两条小辫，像只呢喃的小燕子，在屋里屋外飞来飞去。

这时候的夏淑琴，似乎只知道这个世界是美好的，秦淮河水是清澈的，天空是明亮的，外公外婆时刻疼爱着自己，爸爸妈妈时刻关怀着自己，大姐二姐时刻保护着自己；就连最小的淑芬妹子，也时常睁大眼睛朝着自己微笑，并咿咿呀呀地似乎说着什么。

温暖的阳光，娇艳的花朵，皎洁的月亮，翠绿的小草，这一切真的是如此美好！童稚未消的夏淑琴，朦朦胧胧地憧憬着自己的未来……

第二章　劫难险逃生

岁月荏苒，寒暑轮交，本应其乐融融的夏淑琴一家，却在1937年12月，突遭惊天噩梦，巨大劫难瞬间降临！

这还得从1937年年中说起——

1937年7月7日，日本帝国主义欲图侵占整个中国，悍然发动卢沟桥事变，以寻找失踪的日军士兵为借口，猛攻宛平城中国守军，从而发动了全面的侵华战争。

日本企图征服整个中华民族，并让所有中国人都成为其亡国奴的狂妄野心和行动，激起全中国人民的强烈反对和坚决抵抗。于是，以第二次国共合作为基础的全民族抗战随之开始。

8月13日，叫嚣着要"三个月灭亡中国"的日本帝国主义，调动陆海空军精锐部队，又在淞沪地区燃起战火，淞沪会战爆发。此为中日双方军队在中国抗日战争初期的第一场大会战，也是整个中日战争中进行的规模最大、战斗最为惨烈的大会战之一。此战中双方共投入兵力超过百万，其中，日军参战的25万余人中，死伤者超过4万人，中国军队参战的75万余人中，伤亡者更是多达25万余人。此次会战，中国军队虽然粉碎了日本欲图"三个月灭亡中国"的狂妄计划，在一定程度上遏制了日军全面进攻的嚣张势头，但最后仍以失利告终，于是，日军占领了中国最重要的经济中心城市——上海，而自战场撤出的中国军队则转移至其他地区。

上海离首都南京可说近在咫尺，它是南京的东大门和极为重要的安全屏障。上海的失守，令首都南京立刻门洞大开，形势骤然危急起来。

当然，日军发动侵华战争，以及中国军队开始抵抗的具体情势，作为普通百姓的夏淑琴一家，并不知道详细情况。但一些重大消息，大人们还是逐渐地知道一些：如七七事变爆发，日本军队大举进攻中国；中国军队奋起抵抗，全国抗战已经开始；8月份中日双方军队在上海地区激烈战斗，中国军队伤亡惨重等。这些重要消息不仅在媒体上有大量刊载，而且也在周边的街坊邻居间神色紧张地口口相传。

正处少年时期的夏淑琴，此刻并不十分“关心”这些国家大事，但她也明显、确实地感受到了许多异样：经常有大队的当兵人荷枪实弹，快步地从中华门出出进进；也经常看到有成群的学生模样的人上街集会游行，高喊抗日口号；有时也看到一些大哥哥大姐姐在街头激愤讲演，断断续续地听他们呼喊“打倒日本帝国主义”“团结起来抗战到底”“捐献财物支援前线”等。每当看到或听到这些消息，她也常常回来告诉家里的大人或姐姐们。

另外，令夏淑琴及家里大人们不了解的是，在淞沪战局危急之时，日军敌机不断轰炸南京的严重情况下，中国政府已于10月底前作出迁都重庆的决定。到11月中旬淞沪会战结束的时候，国民政府各机关已开始公开大规模地分向重庆，以及两湖地区的汉口、长沙等地迁移。大街上，卡车等大小车辆往来穿梭，乘车人员亦多呈神色凝重、紧张之态。

日本帝国主义发动全面侵华战争后，所攻击的首要战略重点目标，就是当时中国的首都南京。于是，当其占领上海之后，日本参谋本部即具体部署实施攻占南京的行动。12月初，接到“攻占敌国首都南京”命令的日本华中方面军，辖直接攻击南京的约10万人部队，分左、中、右三路，以碾压之势杀奔南京，并使用左右包抄、中间突破战术，欲图迅速达到从正面击破中国守军暨攻占南京城的目的。

12月7日，华中方面军还向所属各部发布了《攻占南京城要领》，对各部入城“扫荡”事项作了具体部署。在气势汹汹、虎视眈眈的强敌进逼面前，南京城一旦陷落，势必面临侵略者的疯狂践踏和野蛮蹂躏的厄运。

此时，夏淑琴一家如同南京城内其他市民一样，既十分痛恨日本军队对中国的入侵，也担忧着南京城能否守得住，若万一守不住则是什么样的命运和结局。平民百姓，并不清楚政府最高层已确定在南京先行抵抗并最终撤退弃城的军事战略计划。

日军进攻南京部队原奢望挟淞沪一役胜利之威，不战而屈人之兵，兵不血刃顺利进入南京城。岂料以唐生智为南京卫戍司令长官的十几万中国守军，并不屈服于侵略者的淫威，而是奋勇抵抗，以血肉之躯与侵略者拼死搏战，谱写了一曲曲气壮山河的英雄悲歌。

南京保卫战先自外围打响，激战后退守复廓阵地，集中兵力，固守南京。此时，既有日本飞机对南京城内设施和居民住房的狂轰滥炸，又有日军对中国守军阵地的猛烈炮击。于是，南京城内城外爆炸声四起，震耳欲聋，熊熊火焰腾燃，映红天空。期间，中国军队曾与日军血战紫金山，拼杀光华门，激战雨花台，这一系列的勇敢作战与坚强抵抗，使得日军妄想轻而易举地攻占南京城的计划破灭。

自战事抵近南京后，夏淑琴一家进一步感到担忧和害怕，觉得炮弹就从屋顶上呼啸而过，子弹就在外墙上噼啪炸响。大人和小孩都不敢出去，睡觉也更难安稳，窗户外不时地腾起团团烈焰，映红夜空。家里最小的女儿常常在睡梦中被或近或远的爆炸声猛然惊醒，接着便哇哇大哭，此时妈妈便赶紧将她搂抱入怀，轻声地抚慰她。

最令夏淑琴一家惊恐的是，在中华门及其附近的那个方向，激烈的枪炮声一阵紧似一阵地接连响起，震耳欲聋。因为这个地方离他们家很近，所以枪炮声好像就发生在房前屋后，有时甚至连战场的厮杀呐喊声也隐约可闻。同时，空气中呛人的浓浓硝烟，也从门窗缝隙中硬挤着漫入房间，不时地引起一阵大人小孩的咳嗽声。

据夏淑琴回忆："日本人进城以前，老是跑飞机。我们睡在大桌子下，不能做饭，不能生火，吃炒米和锅巴，害怕日本飞机丢炸弹。"①

此刻，有着数百年历史的中华门，正经历着一场惨烈的卫城血战！

已如前述，位于南京城正南的城堡式中华门，因其城墙高大，又有起着护城河作用的秦淮河横贯东西，故成为阻挡日军从南面进攻南京城的坚强堡垒。

12月10日下午，接奉对南京城总攻击令的日军，在攻占中国守军雨花台防线部分阵地后，即重设炮位，以密集炮火猛烈轰击中华门城垣，接着步兵在坦克的掩护下朝前攻击，但均被我守军英勇击退。11日，敌再增兵突击中华门一带。同时，日军飞机也不断地向城门内外投弹轰炸，城墙附近的街道、房屋，受到很大破坏或被摧毁。夏淑琴家的住房，常有弹片或砖头瓦块等物，砸落在房顶之上，随之传出噼里啪啦的爆裂声。每遇这种情况，夏淑琴及其姐妹们都被吓得抱头掩耳，惊叫连连。

日军进攻南京中华门

12月12日，日军更加剧了对中华门的攻击，战斗仍十分猛烈，城头上烟雾弥漫，枪弹倾泻如雨，高大的门楼已被摧毁，空气中混杂着的焦煳味、血腥味、硝烟味，几乎令人窒息！直至夜晚，连日作战疲惫不堪的中国守城官兵遵令撤退，不再抵抗。此时，付出严重死伤代价的日军，方才占领了中华门。随后，枪炮声也渐渐稀落下来。

① 徐志耕：《南京大屠杀史研究与文献35·幸存者说——南京大屠杀亲历者采访记》，南京出版社2014年版，第12页。

在中华门被日敌占领前后，其他各城门也因中国守军撤退而陆续为日敌占领。12月13日这天，有着六朝古都之称的南京城终于最后失陷。

日军入侵南京城

日军渡过秦淮河，从中华门入城

日军攻陷南京城

当日，国民政府军事委员会委员长蒋介石发出通电，告称："国军退出南京，绝不致影响我政府始终一贯抵抗日本侵略原则之国策。其唯一意义，实只有更加强全国一致继续抗战之决心。盖政府所在地，既已他迁，南京在政治上、军事上已无重要性可言。予作战计划本定于敌军炮火过烈，使我军作无谓牺牲过甚之时，将阵线向后转移。今已本此计划，令南京驻军退守其他阵地，继续抗战。"①

蒋介石在电文中解释了国军退出（实则放弃）南京，政府已他迁，南京在政治上、军事上已无重要性，为使国军不做无谓牺牲过甚而退守其他阵地，此皆为事实及必要，但南京失守后尚留在城内的数十万人命运如何，则未有提及。

南京失陷的12月13日，随着侵略者以"胜利者"的骄横姿态，杀气腾腾并耀武扬威地开进南京城，而成为南京人民和全中国人民最感耻辱和最为悲惨的一天。随着英勇悲壮的南京保卫战的结束，南京人民开始了一段腥风血雨、惨遭杀戮和野蛮蹂躏

① 孙宅巍著：《南京大屠杀史研究与文献34·南京保卫战史》，南京出版社2014年版，第245—246页。

的悲惨经历，而夏淑琴一家正是这千千万万惨遭杀戮和野蛮蹂躏家庭中的一员。

或许是夏淑琴家所住的新路口 5 号院距离中华门比较近的缘故，因而当日军从中华门涌入后的 13 日上午，就有约 30 人的一队日本兵端着枪，嗷嗷叫着冲到夏淑琴家院门前，紧接着便“啪啪啪”地吼叫着击打院门。

此时，哈姓房主国栋一边呼应着，一边战兢兢地前去开门（另有说法称是夏淑琴父亲夏庭恩先开的门）。岂料门刚一打开，日本兵即指哈国栋为中国兵，随之残暴地围殴他，可怜国栋被打得血肉横飞，腿折肢崩，气息奄奄而倒地不起。

夏淑琴 40 多岁的父亲夏庭恩，看到哈姓房主被凶狠的日本兵围殴暴打，惊恐地跪在蜂拥而入的日本兵面前，磕头作揖地恳求他们不要伤害院内人。可这善良之心怎能打动这些恶魔良心之一二？

就在夏庭恩苦苦哀求的时候，“啪啪啪”几声枪响，夏淑琴的父亲又重重地倒在了血泊中。他本想哀求这伙日本兵，放过自己的家人，未料他自己成了夏家第一个被枪杀的壮年男性。

转瞬间人命就没了！枪声和鲜血，吓得夏淑琴的母亲夏聂氏，紧紧抱着仅 1 岁的小女儿，慌忙躲到房间的一张桌子下面。可是这里哪能藏住什么人呢？很快，她就被日本兵从桌子底下野蛮地拽拖了出来，小女儿吓得哇哇直哭，一双小手紧紧抓住妈妈的衣服不松开。这时，一日本兵凶狠地将她从母亲的怀抱里抢夺过来，惨无人道地将她恶狠狠地摔死在地上。可怜夏淑琴的小妹妹夏淑芬，就这样在撕心裂肺的哭叫声中骤然离开人世。这是当天夏家遇害的第二条生命，年仅 1 岁。

此时，这些面目狰狞的日本兵哇哇狂叫着，强撕硬扯着扒光了夏淑琴母亲的衣服。夏母虽极力反抗，但哪能挣脱这伙日本兵的魔掌？于是，几个兽性大发的日本兵对夏母进行了轮奸，然后用刺刀把她杀死，并在她下身塞进一只瓶子……可怜一生勤劳善良、抚养子女、孝敬老人、帮助丈夫的夏聂氏，就这样在屈辱和悲愤中含恨死去。这是夏家当天遇害的第三条生命，年仅 30 多岁。

此时，残害与屠杀仍在这个院落内继续进行——

这些日本兵在凌辱残害夏母之后，又闯进隔壁房间，在那里发现已躲无可躲的夏淑琴的外公、外婆及两个姐姐。

日本兵发现这里有两个年轻女孩，两眼霎时放出淫光，遂一起呼拥上去就要强奸夏淑琴的大姐和二姐。听着外孙女凄惨的喊叫，偌大年纪的外公、外婆，拼着全力死命地护着她们俩。这时，疯魔一样的日本兵又野蛮地接连枪杀了两位慈善的老人。其时夏淑琴的外公聂佐成、外婆聂周氏，均已 70 多岁，他们分别成为当天夏家遇害的第四条、第五条生命。

夏淑琴的大姐、二姐，惊恐地看着自己慈爱的外公、外婆，为了保护她们而遭日本兵枪杀，悲痛至极，那血淋淋的场面令她们不忍目睹。然而更大的不幸和厄运转瞬间就降临到她们身上。那些刚刚枪杀她们亲人的残暴的日本兵，又如恶狼般号叫着扑向柔弱无助的姐妹俩，强撕下姐妹俩的衣服，然后不顾她们的凄厉哭喊和拼命挣扎，轮奸了她们。更为残忍的是，当姐妹俩被轮奸后，又被这些野兽般的日本兵用刀活活刺死，末了一个日本兵竟丧尽天良地用一根木棍插进了大姐的下身……呜呼！两位正值豆蔻年华、含苞待放的清灵少女，就这样被毫无人性的日本兵蹂躏和刺杀。当时，夏淑琴的大姐夏淑芳年仅16岁，二姐夏淑兰年仅14岁，她们成为夏家遇害的第六条、第七条生命。

就在一些日本兵对夏家老幼妇孺横行施暴的时候，另有一些日本兵也对院内哈姓家庭的成员进行残害行凶。继进门暴殴哈国栋后，又向国栋之妻强行索取手镯、金手圈、戒簪数十两。哈家本期望以财消灾，赶快打发走这些恶魔，谁知这些日本兵全然不顾国栋之妻即将临产，竟扑上前去要强奸她。国栋妻惊急啼哭，阻挡躲避，可这些残忍暴虐的日本兵，先将哈国栋的大女儿存子，用刺刀劈开头颅，致脑浆迸裂，立时殒命，年仅5岁；继用枪刺刺穿二女儿招子的胸腹，幼小的生命随其鲜血喷涌而惨烈夭亡，年仅2岁。这些日本兵至此仍不罢休，又将哈国栋怀孕的妻子刺死，再将已重伤倒地的哈国栋枪杀。上天哪！你咋能容忍这伙贼兵作恶啊！哈国栋年迈的老母亲，眼看着欢欢乐乐的一家人，连同儿媳腹中胎儿共5口人，瞬间死于非命，悲痛欲绝的她，呼天抢地地哭叫着，哀号着……

就在那些凶神恶煞般的黑扎胡子日本兵，对院内夏家、哈家大开杀戒、大逞淫威的时候，当时只有8岁的夏淑琴，惊慌地躲在床上被子里，吓得大哭。日本兵用刺刀在她后背狠狠地刺了二刀，又在手臂上刺了一刀，当即昏了过去，不省人事。哭声没了，日本兵或许以为这个小女孩已经死了，遂擦了擦还在滴血的刺刀，跨过倒卧地上仍双目未瞑的尸体，踩着院内已凝固或未凝固的血迹，叽里呱啦地相视狞笑着，大摇大摆地走出门外。

关于日本兵在院内行凶施暴的残忍手段与累累罪行，哈国栋母亲在抗战胜利后的1945年11月2日，为其儿子哈国栋等被日军杀害致南京市政府呈文中，有这样一段悲凄的叙述与血泪控诉：

> ……淞沪战起，首都告急，氏（指其本人）子国栋因妻马氏身怀孕，势将临产，所以不及避入难民区。迨至日寇由雨花门破城而入，假藉搜索中国兵为名，侵入氏家，即指氏子国栋为中国兵，并索取财物，见室内妇女居多，兽性发作，将氏

子国栋加以痛欧（殴），以至腿折肢崩，继向氏媳马氏索取饰物手镯、金项圈、戒簪约数十两，又欲加非礼。氏媳马氏惊急啼哭，致触其怒，先将氏孙女存子（五岁）用刺刀劈开头颅，次孙女招子则洞穿其腹，继将氏媳马氏刺死，复将氏受伤之子国栋枪毙，连同氏媳腹内计大小5口死于非命。其状最惨者莫过同居聂太太，全家男妇老幼9口（实为7口）同时遇害，次女二姑娘（后被确认为是夏家长女），敌将其四肢绑在长方桌之上，纵情轮奸，该女怒骂不绝，敌奸毕则刺其喉舌，裂其腹，尚不足以遂兽行，觅一双妹牌香水瓶（应为一棍状物）塞入阴户之内，以为取乐，其残酷之行为，令人发直（指）心伤也。且氏毕生精神所创之家业，被敌掠劫一空，损失浩大，无从估计，致八十高年老妇生活断绝，含辛八载，艰苦备尝。①

天地晦暗，朔风怒号！

历史永远记住1937年12月13日这一天，在中华门内东边新路口5号院内，夏淑琴家7口人、哈国栋家4口人，总共11口人，连同1个腹中胎儿，惨死于日本兵这伙恶魔的残暴之手，历史将永远把这些刽子手们牢牢地钉在耻辱柱上，任无论什么人怎样祭祀参拜，都将不能解脱！

13日这天以及之后的40余天时间里，南京这座文明古都，有超过30万包括妇孺老幼在内的亲爱同胞，死在了日本侵略者血淋淋的屠刀之下，其中又有多少年长年少的女性被蹂躏、被残害，真是惨绝人寰，人神共愤！但不知这些泯灭人性、毫无良知的嗜血敌寇，何以生长成？！何以培养成？！

滔滔长江水，见证这一幕幕人间悲剧，一件件野蛮暴行，日日呜咽哀号——

巍巍紫金山，目睹这一桩桩强奸案件，一条条冤死生命，夜夜啜泣悲鸣——

施暴之后，闯进新路口5号院的这伙日本兵虽然离开了，也不知他们又窜往何处再行罪恶，但刺骨的寒风依然一阵紧似一阵地吹刮着，扑进院内，钻进屋中，并使劲地摇动着无人关闭的门窗噼啪作响……

也不知道昏迷了多久，小小的夏淑琴终于被什么声音惊醒，再侧耳一听，原来是她4岁的妹妹夏淑芸在哭着喊“妈妈——，妈妈——”夏淑琴动了一下，全身的几处伤口疼痛钻心，用手一摸，黏糊糊的都是血。她这才想起之前是有不少的日本鬼子在院落和房间里行凶杀人，并且用刺刀在自己的后背、手臂上狠狠地戳了几刀。

---

① 中国第二历史档案馆、南京历史档案馆等编：《侵华日军南京大屠杀档案》，江苏古籍出版社1987年版，第171页。

夏淑琴挣扎着，艰难地滚爬到小妹妹哭喊的地方，只见她正趴伏在满是血污的半裸的母亲身体上，用稚嫩的双手拼命地抓摇着已冰凉的母亲尸身，嘶哑着不停地喊："妈妈！妈妈——"

此刻，夏淑琴看着慈爱的母亲被鬼子兵们野蛮杀害的惨状，顾不上安抚小妹妹，自己也撕心裂肺地喊叫着："妈妈！妈妈——"

听着小小的俩女儿凄厉的哭喊，她们亲爱的"妈妈"却永远不再醒来。此情此景，真是草木为之垂泪，天地为之动容！

也不知道姐妹俩哭了多久，以至于最后哭都哭不出声来了，眼睛也被泪水浸模糊了[①]。夏淑琴年龄稍大些，她用力地拉起小妹妹，并艰难地拖着受伤的身体，到房间、院里看看。啊！全是亲人的尸体：那是外公、外婆，那是爸爸，那是大姐和二姐，那是最小的妹妹，连同妈妈，总共是 7 条人命啊！另外，同院哈家的叔叔、阿姨，以及那两位活泼可爱的小妹妹，也都一齐倒卧在了血泊中，不再醒来了……

小小的夏淑琴，一个只有 8 岁的小姑娘，哪里见到过这样血腥的场面？哪里经历过这样惨烈的亲人亡故？她的稚嫩心灵被强烈地震撼了：这些扎扎胡子的日本兵太坏了！太坏了！你们干吗要杀害我们家、我们院这么多人呢？这是为什么？为什么？我们可都没有招惹你们呀！

寒风依旧凛冽，空气中弥漫的血腥味经久不散。夏淑琴只觉得全身更冷，伤口更疼！不久前还充满温暖和欢乐的大家庭，如今竟孤零零剩下她和妹妹两人了！她作为姐姐，抹了抹眼泪，紧紧地拉着小妹妹，看看她全身，倒没有受伤，只是惊吓和悲痛过度。这个小妹淑芸也是有点侥幸，她人小，情急中躲到了一堆杂物中，既不敢动，也不敢哭叫。还好，没被那些日本兵发现。

夏淑琴和她的这个小妹妹，躲过了这场劫难，接下来，她们又将怎样生活度日呢？

---

① 据夏淑琴叙述，就是因为日军大屠杀当日及其后，她常因家庭所遭劫难而悲哭，以致眼睛受损，看东西模糊。

第三章 少年多磨难

“姐姐，我肚子饿！”

只有4岁的小妹妹淑芬，拉着姐姐淑琴的衣襟，边哭泣边望着比自己大不了几岁，也还是个孩子的小姐姐，但觉着她就是大人了，而且现在也是“家”里唯一的亲人。

“不哭！姐姐给你找东西吃。”

这时，年仅8岁的小淑琴安慰着小淑芬，恍然觉得自己好像一下子长大了许多，现在她就是小妹妹的主心骨和唯一的依靠。

夏淑琴艰难地支撑着身体，来到锅灶边翻找着，看有什么能吃的。最后找到点锅巴、炒米拿给妹妹吃，自己也吃一点。然后她再到水缸边想给自己和妹妹舀点水喝，但水缸高，够不着，于是拉来把小凳子站上去，才勉强舀上点冰凉的水来喝。

疼痛、饥饿、对亲人的思念，伴随着孤苦无依的姐妹俩。

白昼间，夏淑琴和小妹妹就怯生生地躲在家里，不敢出来，生怕又遇见日本兵，再遭劫难。到夜晚，姐妹俩就在家里拼搭起的桌子上睡觉。伴随着窗外寒风呼啸，时不时地还能听到或近或远处传来的阵阵枪声。

在此期间，也时不时地还有些日本兵来到院子，进入屋里，翻找些东西或拉走一些家具。每遇这种情况，姐妹俩就躲在被子下，一动也不敢动。

此时，院子里还横陈着数具尸体，房间里妈妈、姐姐的尸体也还在冰冷的地面上倒卧着。可是，小淑琴与小淑芬也没觉得有多害怕，因为这些人虽然死掉了，但还是自己的亲人。

之前仅有的一点锅巴也吃光了，家里再没有什么食物可供充饥。姐妹俩就这么硬挨着，实在饥了渴了，就再去喝点冷水。就这样，艰难地挨过14天后，位于中华门东北侧剪子巷的一家名为老人堂的慈善机构人员来到夏淑琴家，他们发现这里是日本兵作恶的又一惨烈现场，一个个都惊呆了！很快，他们发现了头发凌乱、冻饿不堪的小姐妹俩，简单问了些情况，随即便将夏淑琴及其妹妹带走。当时姐妹俩已虚弱无比，几乎走不动路了。

这些人中有位看起来很和善的老奶奶，牵拉着夏淑琴和她的妹妹前行。路途上夏淑琴每见到带枪挎刀的日本人，眼前立刻浮现出他们残害妈妈和家里其他亲人的悲惨场景，于是就赶紧害怕地躲到带她走的老奶奶身后。此时，这位老奶奶也就赶忙安慰她俩说："孩子，不要怕，慢些走，有我们在，他们不会打你，不会杀你！"就这样，夏淑琴和妹妹就一路时不时惊恐地被带到老人堂。

据夏淑琴回忆，到了老人堂：

> 我也没衣服换，衣服上都是血，很脏。一个老太太就找了一件棉袄剪小，给我换上。
>
> 老太太看我浑身都是伤，问我疼不疼，我当时已经感觉不到疼，就知道找不到妈妈、姐姐了，整个人就是糊里糊涂的状态。
>
> 我身上的刀伤已经烂了一个洞，拱脓了没有医生看，他们用一团棉花烧成灰按到伤口上。①

约翰·拉贝（左三）与南京安全区国际委员会及国际红十字会南京委员会部分成员合影

南京安全区国际委员会总部——宁海路5号

安全区里的部分难民

① 曾向东、徐康英、朱成山主编：《历史与记忆——117户南京大屠杀受害家庭（族）微观史调查与研究》（上册），南京出版社2019年版，第5页。

夏淑琴姐妹俩在老人堂住了二三十天，当时老人堂因多方面的困难，也没有什么可以吃的，就是熬一大锅稀粥，那么多人一人一勺地分着吃。虽然吃不饱，更谈不上吃好，但总算有点热粥喝，比起之前在家里喝冰水充饥，已经好得多了，而且在这里有了些安全感，不似原先在家里孤苦伶仃、担惊受怕地全无依靠。

就在夏淑琴一家亲人遇害，以及夏淑琴姐妹俩幸存并被收留在老人堂的这段时间里，住在小荷花巷的夏淑琴舅舅聂光中一家尚在安全区里暂待着。之前夏淑琴舅舅得到消息说日本兵马上就要攻进城了，惊恐之下，便赶忙和当时正怀着身孕的夏淑琴舅妈王芝如，带着 2 个孩子先躲避到安全区。他本想等安顿好了以后，再回来接父母亲即夏淑琴的外公、外婆，连同夏淑琴一家一起前往，谁知等他到安全区后，再想回来接父母及夏淑琴一家的时候，已经回不来了。

这是因为当时战事逼近南京，东南郊外中日军队已发生激烈冲突，“一般平民已奉命移至安全区，区外除佩黄色臂章之宪兵外，不许车辆或人民往来，全城今日已宣布为战区”[①]。紧接着南京城失陷，安全区外全城都处在日本兵抢劫杀戮、强奸行凶的恐怖气氛中，即便在安全区内也能不时地看到外面的闪闪火光，间断地听到外面传来的阵阵枪声及爆炸声。

在这种情势下，夏淑琴的舅舅和舅妈在安全区内真是忐忑不安，焦急万分，他们时刻惦记着亲人们的安危。当听说日本兵在城里城外大肆屠杀、肆意抢劫、兽性强奸的时候，更是寝食不安，但也束手无策，只能在心里默默地为亲人祈祷，期盼平安无事！

大约 6 个星期后，沦陷后的南京形势基本平定下来，日本侵略者的大屠杀也基本上停止了。此时，待在安全区里边的难民可以出来。于是，夏淑琴的舅舅立即心急火燎地赶向新路口 5 号院，想尽快知道亲人们的情况。

当他推开虚掩着的院门，一眼就被满地躺卧的尸体惊呆了！前后里外查看，日本兵竟然残暴地杀害了自己的 7 位亲人，另外还杀害了哈姓人家的 4 口人。他发疯似的捶胸顿足，号啕大哭，并高声叫骂着日本兵！

夏淑琴的舅舅没有在尸体中发现夏淑琴和夏淑芬两个外甥女，心想她们姐妹俩有可能还活着，于是他焦急地四处打听询问，最后得到信息，说是她们二人可能被慈善机构老人堂带走了。

于是，夏淑琴的舅舅辗转在老人堂那里找到两外甥女。经过劫难后的夏淑琴姐妹俩，在这里见到舅舅，忍不住地抱住他，悲伤地大哭起来，并断断续续地向舅舅述说家里遭难的情况。舅舅含泪安慰着她们，然后向老人堂办结了手续，就把俩外甥女带

① 《申报》，1937 年 12 月 9 日。

到自己所在的安全区。此时，夏淑琴的舅妈已离开安全区，暂住到某户人家里生小孩去了。

夏淑琴舅舅知道家里遭到这么惨重的屠戮劫难，应当被揭露出来，让外界知道，以谴责日本兵的残暴罪行。于是，他把夏淑琴带到设在广州路小粉桥1号的拉贝办公室。

这位拉贝先生，全名约翰·拉贝（John Rabe），1882年11月23日出生于德国汉堡，1908年受西门子中国公司之聘，开始在中国沈阳、北京、天津、上海、南京等地经商，1931年任德国纳粹党南京分部副部长。1937年11月22日，随着日本进攻南京战事的临近，在南京的约20位外国传教士、教授、医生、商人等，预料日军攻占南京后城内可能出现大的暴行和劫难，到时不可避免地会涌现大批无助的难民，他们应利用外国人的特殊身份，尽力地救助这些难民，以免遭屠戮。遂正式成立了南京安全区国际委员会，拉贝当选为主席，并在南京城西北部设立了一个不足4平方公里的安全区。在倡导设立安全区委员会的过程中，国立中央大学的杭立武教授也是积极推动者之一。

约翰·拉贝像

约翰·拉贝在南京小粉桥的旧居

约翰·拉贝和南京安全区的委员

11月29日，南京市市长宣布承认安全区国际委员会，并为安全区提供粮食、资金和警察。南京卫戍司令长官唐生智还承诺将部队撤出安全区。安全区国际委员会总部的办公地点在宁海路5号，主席拉贝就在他的住所广州路小粉桥1号办公，这里也是安全区收容难民的25个难民收容所之一。拉贝在这里不但保护了600多位难民，还作为安全区国际委员会主席，和其他国际友人一道，利用安全区拯救了超过25万中国人的生命。为感谢拉贝在救助难民方面的重大功绩，1938年农历新年，小粉桥1号难民收容所的难民们，在拉贝宅邸的院子里排着队，向拉贝深情地三鞠躬，并献给他一块表达感谢与祝福字样的大红绸布，上面用毛笔书写着这样几行字：

艾拉培先生：

济难扶危，

佛心侠骨，

共祝天庥，

俾尔戬谷！[①]

一九三八年一月　本院难民公献

关于这段南京市民向拉贝表示诚挚谢意的感人情节，拉贝在他1月31日的日记中有这样的生动记载：

中国的新年到来了，仆人和雇员隆重地向我拜年。难民们在院子里排成整齐的队伍向我三鞠躬。其中有许多年轻姑娘。大家都感谢我保护了他们，救了他们……他们送给我一块长3米、宽2米的红绸布，上面写着汉字，我猜想，这是封感谢信

我把绸布交给了仆人张，令我吃惊的是，他竟恭恭敬敬地把它悬挂在客厅里。不少我的中国客人虔诚地站在它前面，其中有一位把它翻成了英语：

You are the living Budda

for hundred thousand people.[②]

① “俾尔戬谷”，语出《诗·小雅·天保》，意思是使你幸福！此横幅中文字原无标点，现标点为编者所加。

② 原文注：“你是几十万人的活菩萨”。

我认真地听着，但这样的赞誉我可受不起。我仔细地看了看说话的人，他是前中国政府的一位级别较高的官员，……他是一位古文专家，一位学者。我请他把中文再翻译一遍，但不要加任何恭维的修饰。好，他说道，我刚刚念的，是准确的；我当然还可以翻译得更完整一些，大体是这样：

你有一副菩萨心肠，
你有勇敢无畏的精神
你从危难之中
拯救了数万穷人。
愿上天赐福于你，
愿幸福常伴你，
愿神灵保佑你。

你的难民收容所的难民

如果时局不是这么严峻，这动人的贺词会让我笑出声来。我还没卸下我的“市长”职位，他们就已经把我当成数万穷人的活菩萨了！[1]

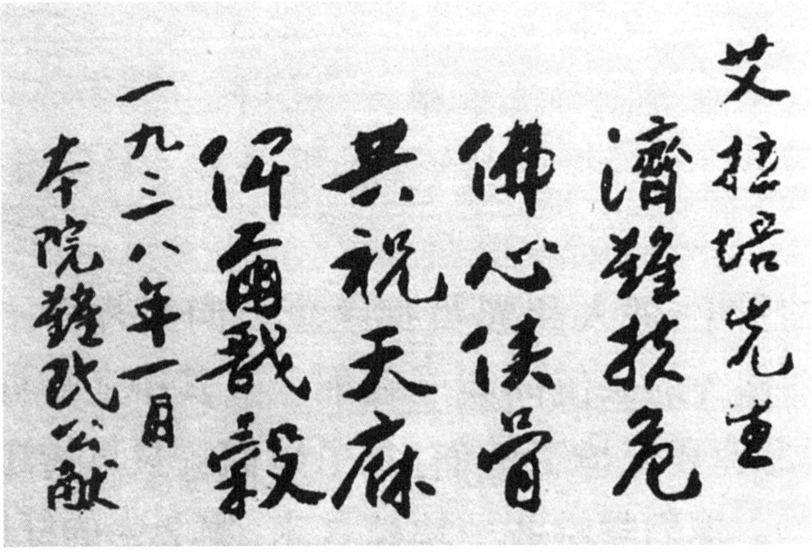

难民送给拉贝的致谢横幅（1938年1月）

① ［德］约翰·拉贝著，朱刘华译：《拉贝日记》，金城出版社2009年版，第154—155页。

同年2月，拉贝离开南京，南京安全区国际委员会对拉贝给予了高度评价，中国国民政府授其三色彩玉勋章。①

话说当拉贝看到站在眼前的这位名叫夏淑琴的小女孩时，心里不由得咯噔一下，看她那瘦小而虚弱的身体，惊恐而忧伤的眼神，想必是经历了什么严重的苦难。此时，夏淑琴在舅舅的鼓励下，终于大起胆子，语带哽咽地对拉贝说："我们一家人全死了，我父母死了，姐姐死了，外公、外婆也死了！"

拉贝脸色一下子凝重起来，他拍拍夏淑琴的肩膀，握着她的小手，然后温和地说："小姑娘，不急，慢慢说，当时日本兵是怎么杀害了你全家亲人的？"

这时，夏淑琴才缓缓地向拉贝讲述了日本兵如何进院子，之后怎么杀害她的外公、外婆、父亲，以及最小的妹妹，又怎么欺负和残害她的妈妈和两个姐姐……

夏淑琴说着说着，又忍不住哭泣起来。拉贝为夏家的悲惨遭遇表现出极大的震撼，并给予深深的同情！他安慰夏淑琴说："小姑娘，莫哭！你家的遭遇太让人痛心了！这些日本兵作恶的证据要留存下来，期待以后能够惩罚这些坏人！"

据夏淑琴回忆："后来，马吉牧师派了汽车到我们那里，把我和舅舅带到新路口5号家拍了片子。我记得当时是马吉牧师来到我家拍照，让我站在水缸边舀水，我够不到，就拿了个小板凳站在上面。"②

这个马吉，全名约翰·马吉（John Magee），是一名美国传教士，1884年出生于美国一个律师家庭，1912年作为牧师被美国圣公会派往中国传教。到达中国后，他在美国圣公会位于南京关挹江门外的道胜堂作传教士。1937年12月，侵华日军在南京进行大屠杀期间，他担任国际红十字会南京委员会主席和南京安全区国际委员会委员，曾设立难民伤兵医院，参与救援了20余万面临被屠杀的中国人。他还冒着很大风险，小心谨慎地拍摄了侵华日军在南京屠杀中国人的纪录片。在该纪录片中，既有日军的坦克和大炮正疯狂地炮击南京城，机关枪正对着成群的市民进行扫射，城内到处是残垣断壁的历史镜头，也有受日军奸淫的中国妇女，被汽油烧焦的惨不忍睹的尸体，以

① 约翰·拉贝于第二次世界大战结束后，因曾是德国纳粹党员而先后被苏联和英国逮捕。1946年6月，在证实其未犯错之后被释放，但生活拮据。鉴于其在南京保护难民的功绩，得到中国国民政府每月金钱和粮食的接济。1950年逝世于西柏林，终年68岁。在侵华日军南京大屠杀期间，他所记的日记，于1997年以《拉贝日记》书名出版，后被译为中、英、日、德四种语言发行。该著为研究南京大屠杀事件数量较多、保存较为完整的珍贵史料。2009年，在中国网友票选的"十大国际友人"中，拉贝名列首位白求恩之后的第二位。拉贝在南京广州路小粉桥1号的旧居，现已辟为"拉贝与国际安全区纪念馆"，是全国重点文物保护单位。

② 曾向东、徐康英、朱成山主编：《历史与记忆——117户南京大屠杀受害家庭（族）微观史调查与研究》，（上册），南京出版社2019年版，第5页。

美国来华牧师约翰·马吉

及街道上、水塘中到处是被日军血腥屠杀的平民的珍贵镜头。在所记录的事例中，有一名正在医院被救治的当时怀有6个月身孕的李秀英，她因反抗日本兵强暴而身中37刀。在侵华日军南京大屠杀的那段时间里，马吉曾经给日本大使馆和日本占领军最高指挥机构，写了400多份《抗议书》和《报告书》，强烈要求日军停止暴行。1946年，他还在日本东京设立的远东国际军事法庭上为日军南京大屠杀作证。①

前述夏淑琴和她的舅舅被马吉用汽车带到新路口5号院，以调查日军在新路口5号行凶的情况，时间大约在1938年1月末，距离夏家遇害已过去6个星期。当车停在新路口5号院近前，马吉等下车的时候，得知这位外国人是前来调查日军一系列暴行的，随即就有许多已返回家园的人告诉他说，仅仅在这条路上，就有约500人被杀害。据有关档案记载，在这条路上（含近邻地区）被屠杀的有确切时间、地点与姓名的就有以下数起（不含新路口5号院内人员）：12月13日，市民xxx在小心桥被杀；12月13日，方诶基在小心桥34号被杀；12月14日，石厚英在小心桥被杀；12月15日，胡兆才、胡兆林在小心桥32号被杀；12月18日，王凤鸣在小心桥被杀；12月14日，卫永和在新路口11号被杀；12月15日，潘承立在新路口井旁被杀；12月13日，陈荫槐、陈宝莹在木匠营9号被杀；12月13日，张家荣在木匠营18号被杀。

这使马吉感到十分惊愕！

紧接着，马吉急步走进新路口5号，此时即有一位年迈的邻居老太太领着他，到院内各处察看，同时夏淑琴小姑娘也指指点点地告诉他惨案发生的经过。于是，他基本上了解了事件的整个过程，而且因夏淑琴本身就是受害者，于是马吉在拍照现场时，也拍下了夏淑琴身上被日本兵刀刺的伤疤。

在查看现场时，那位年迈的老太太递给马吉一根竹竿（也有人回忆是根木棍），她说她是比较早地返回家园的，当时曾来院内夏家住屋查看，发现这根竹竿插在被日军奸杀的夏家大女儿的下身处，于是她满噙泪水，在诅咒这些日本兵的暴行中将竹棍小心地抽取出来。

听着这位老太太的痛苦诉说，马吉的心被强烈地震撼了！

① 约翰·马吉于1941年回到美国，1953年在美国匹兹堡去世。他在临死前曾留下遗嘱："假如再活一次，还是要为中国人服务，中国是我的家。"

接下来，马吉在院内及房间继续查看，虽然尸体已搬出院外，但目之所及，受害者的血迹散在各处。他很遗憾，要是相机胶片是彩色的话，就能更真实地拍到“溅在那张姑娘被强奸的桌上以及另一个被杀死在地板上的人殷红的血迹”。

随后，那位老太太又带着马吉来到院外的一块空地，那里摆放着从院内移至此处的受害者尸体，这些尸体被临时用竹席等物遮盖着。待马吉他们揭开遮盖，发现有夏淑琴两个姐姐的尸体，以及她母亲与最小妹妹的尸体等。[①]

夏淑琴家人受害现场照片之一（马吉 1938 年 1 月拍摄）

夏淑琴家人受害现场照片之二（马吉 1938 年 1 月拍摄）

2002 年 10 月 2 日，夏淑琴（右二）、李秀英（右三）与约翰·马吉之子大卫·马吉夫妇在“大卫·马吉摄影机捐赠仪式”上合影

① 参见朱成山编著:《侵华日军南京大屠杀外籍人士证言集》,江苏人民出版社1998年版,第390—391页。

看着这一具具被残害致死的冰冷的老幼妇孺尸体，这位有良知的马吉牧师愤怒了！在他的人生经历中，还真少见或根本就未曾见过人间有此等悲剧，以及占领者竟有如此令人发指的暴虐行径！

马吉在夏淑琴的引导和配合下，对现场和尸体进行了拍照，他决心要将日军加害夏家的确凿证据保存下来。这些照片后来都收入由马吉整理剪辑而成的纪录片中，成为侵华日军南京大屠杀的铁证，也成为几十年后夏淑琴赴日进行诉讼和讨回公道的铁证！

关于夏家横遭劫难后的后事处理，据夏淑琴的舅妈王芝如后来回忆："当时的惨景是难以用言语形容的。我丈夫看着这些尸体急得发疯，最后找来一个棺材，卍字会给了四块板，又用家中大橱，草草把丧事处理了。"①

夏淑琴后来也回忆说：外公、外婆被日军杀害以后，用邻居家一个大棺材埋了外公，外婆用的是个小棺材，当时埋葬在江宁路老虎头。我爸爸妈妈也埋葬在那里。1949年前老虎头那里拆迁，迁坟的时候，舅舅因为没有钱，就把外公、外婆的坟迁到牛首山重新安葬。当时，外公的坟打开来棺材还是好好的，外婆的棺材就不行了。我爸爸妈妈的坟没有迁，就地深埋了。外公、外婆的坟现在还在牛首山。②

回家配合马吉拍照之后，夏淑琴再被舅舅带回安全区。之后夏淑琴的妹妹夏淑芬被送往孤儿院，夏淑琴则继续留在舅舅身边。

因为有了与拉贝的第一次见面，所以夏淑琴记得这位亲切和蔼的眼睛圆圆的外国老人，而已年近60岁的拉贝也特别喜欢这位既坚强勇敢，又秀敏可爱的小姑娘。

1938年2月的一天，一会儿冷雨丝丝，一会儿雪花飘飘，路边早发的嫩绿小草，不时地在略有些暖意的微风中摆摇。拉贝要回德国了。临走之时，他的眼前又浮现出那个眼睛大大的名叫夏淑琴的小姑娘。他忽然萌生一个想法，于是把夏淑琴的舅舅连同他的外甥女夏淑琴一起约来。

据夏淑琴回忆，她那时特别狼狈，是拉贝用大衣紧紧地裹着她，她那时头上、身上都有虱子，可拉贝并不嫌脏，还抱着她，说想把她带回国去。可因为当时家人都被杀了，妹妹已送孤儿院，舅舅觉得要留一个小孩在身边，舍不得她，就没同意。

拉贝尊重夏淑琴舅舅及夏淑琴的选择，眼睛红红的，看得出他有些不舍，也有些遗憾！他真诚地祝福夏淑琴的舅舅与夏淑琴今后幸福，而夏淑琴的舅舅携夏淑琴也感

---

① 朱成山编著：《侵华日军南京大屠杀外籍人士证言集》，江苏人民出版社1998年版，第105页。

② 参见曾向东、徐康英、朱成山主编：《历史与记忆——117户南京大屠杀受害家庭（族）微观史调查与研究》（上册），南京出版社2019年版，第8页。

谢和祝福这位对南京人有恩的外国人，并向他深深地鞠躬……

关于夏淑琴在此期间的家庭遭难和求生经历，约翰·拉贝印象颇为深刻。他在1938年1月29日的日记中特意记载了这件事：“约翰·马吉找到了两个年龄分别为8岁和4岁的女孩（指夏淑琴姐妹俩），她们的全部亲属，一共11口人（此数字应是包括了哈家遇害的4人），全都残酷地被杀害了。这两个女孩在她母亲尸体旁的一个房间里待了14天，最后被邻居们救了出来。大的孩子和她的妹妹靠房子里仅存的少量米存活了下来。”①

告别拉贝之后，夏淑琴也就和舅舅一家生活了，当时住小荷花巷。生活虽然艰难，但舅舅、舅妈对她一直很好。后来，舅妈生小孩以后，夏淑琴就随舅舅一家住到舅妈的父母家去了。

夏淑琴4岁的妹妹夏淑芬，自打送到孤儿院后，开始时因想念亲人会忍不住哭泣，后来慢慢习惯了那里的生活。在那里有人给她衣服穿，给她东西吃。于是，她的幼年生活就在那里一天天度过。战争年代，在孤儿院虽然说不上有多少幸福和快乐，但总算有了一个比较稳定的生活与成长环境。一到星期天，妹妹淑芬也会被接到或自己回到舅舅家，这时夏淑琴姐妹俩及舅舅家的孩子，还会高兴地在一起玩耍，一起吃饭，舅舅、舅妈也会问她一些孤儿院里的事情。

每当妹妹离开舅舅家回孤儿院的时候，姐姐夏淑琴总是非常不舍，拉着妹妹的小手不放。她一想到家里有那么多人都被日本兵杀了，而今只剩下她们姐妹俩，就忍不住流泪……

据夏淑琴叙述，她的妹妹淑芬去了一段时间孤儿院，之后就送给乡下一个亲戚做童养媳，但舅舅不忍心，又把妹妹接了回来。②

夏淑琴是个懂事、乖巧的孩子。随着她的一点点长大，已经可以帮舅妈带小孩了，诸如洗尿布，哄抱孩子等事，她都能做；其他家务事，她也是积极地学着做、主动做。

夏淑琴舅舅家已有几个孩子，再加上外甥女夏淑琴，生活的负担还是比较重的。他常常要早出晚归地做事情。因此，等到夏淑琴再长大一点，她就想着自己能够为家里做点什么。

那时，夏淑琴的舅舅常到南门外西街贩些蔬菜回来卖。做贩菜的小生意要起得很早，半夜时分就要去，以便能够趁早批发来一些时令菜、新鲜菜，再趁早返回赶上早

---

① ［德］约翰·拉贝著，朱刘华译：《拉贝日记》，金城出版社2009年版，第149页。

② 参见徐志耕：《南京大屠杀史研究与文献35·幸存者说——南京大屠杀亲历者采访记》，南京出版社2014年版，第14页。

市出售。于是，夏淑琴提出要跟着舅舅一起去贩菜，舅舅开始有些犹豫，但最后还是答应了。这样，她也就跟舅舅一样，半夜起床，然后急匆匆赶去批发市场。

到了市场后，夏淑琴的主要任务就是看守舅舅已购好的菜，待回来后再帮着舅舅在家门口叫卖。贩菜的事，还是很辛苦的，特别是遇到恶劣天气，就更艰难了。但她想着能为舅舅家减轻点负担，无论多苦多累也都能忍受得了。

后来，夏淑琴舅舅看市场上对绳子有需求，于是就又摇绳子卖。摇绳子这活一个人是做不来的，需要有几个人配合着去做。于是，在摇绳子时，夏淑琴在这一头，舅妈在另一头，两个人同时摇，由夏淑琴舅舅在中间合股起来。此事看起来似乎轻松、简单，实际上也不容易，一是摇的时间久了，手腕、胳膊会有些酸痛；二是用力要均匀、适当，不能忽紧忽松，这样合起来的绳子才匀称，能有好的卖相。

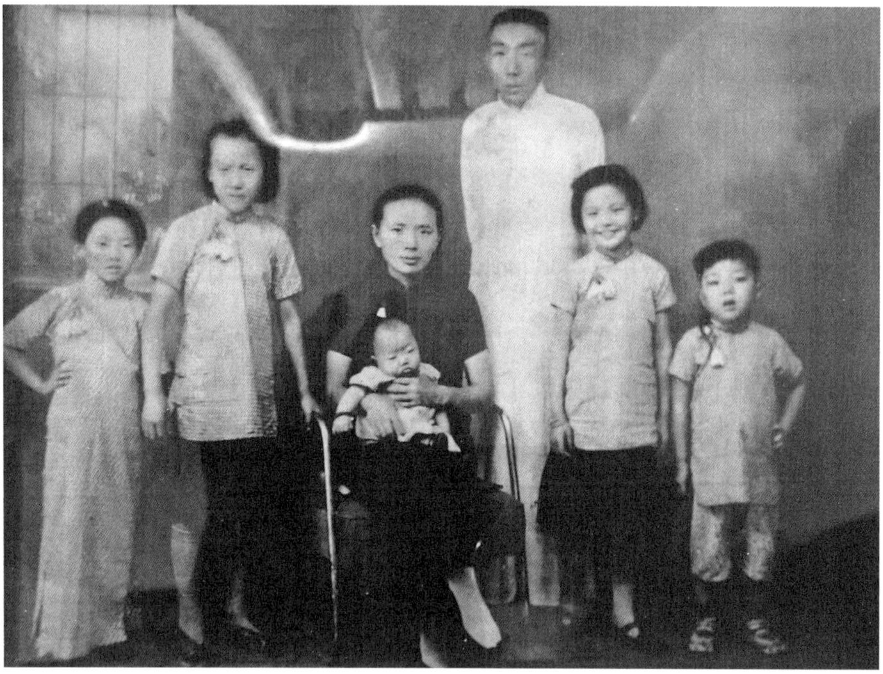

夏淑琴（左二）、夏淑芸（左一）与舅父（右三）、舅母（右四）全家合影（1943 年）

然而卖绳子的生意并不好，利润太薄，做了一阵就放弃了。于是，夏淑琴舅舅就又坐火车就近去安徽当涂，买点芝麻糖、豆腐干一类小食品，早上去晚上才能到家，辛苦也还是蛮辛苦的。夏淑琴舅舅在走之前就和夏淑琴约好，让她傍晚时分到南门外火车站去接他。这样，夏淑琴就按点跑到南门外火车站去接舅舅，并帮着背拿批发来的东西回家。第二天，再把这些东西摆出来卖，赚几个小钱。

舅舅家孩子多，就舅舅一人在外跑点生意，收入有限，生活颇为艰难。那几年，夏淑琴除尽力地帮舅舅、舅妈做点事情外，有点时间，还提个篮子到处挖野菜，如荠菜、苜鸡头等，拿回家既当菜吃，也抵饭食。

当时，南京还在日本人和汪伪政权的统治下。夏淑琴出行，也常会碰到一些挑着太阳旗，并挂弹持枪的日本兵。此时，夏淑琴脑海里会浮现出日本兵当年屠杀残害亲人的悲惨场景，不由得在心里暗暗咒骂这些人！为了避免再遭残害，每当遇到这种情况，夏淑琴往往就躲得远远的，不与他们照面。

苦熬8年，到1945年8月15日，日本宣布投降，中国抗战胜利了。全体南京市民，热烈欢庆抗战胜利。那些天，人们奔走相告，喜气洋洋，大街上到处是欢乐的人群、咚锵的锣鼓、招展的彩旗。夏淑琴也特别高兴：中国人终于打败日本兵了！中国人终于可以昂首挺胸、扬眉吐气了！她兴奋地汇入到欢庆胜利的人群中，心想：如果外公、外婆在，爸爸、妈妈、姐姐在，他们知道这胜利的消息，也该有多高兴啊！

虽说是日本人被赶走了，蒋介石也从重庆回来了，南京依旧是国民政府的首都，但夏淑琴舅舅家因孩子多，收入少，生活仍然艰难。这时，夏淑琴已经16岁多，生活的磨难，已让她成熟不少。她体谅舅舅家里的困难，于是，在征得舅舅、舅妈同意后，就去水西门木屐巷一个开店的老板那里，帮人家做活来填饱肚子。主要是洗洗涮涮，像洗碗、刷锅、烧火、洗衣之类的事情。这些事情，做起来倒也不难，只要肯吃苦就行。夏淑琴就是不怕吃苦，而且手勤脚快，甚得老板的喜爱。

夏淑琴在那个老板家干了年把时间，老板娘不幸去世了。于是，她就又回到舅舅家里。舅舅家的艰难生活依然没有改观，不久，她就又去别的人家做事去了。夏淑琴做事认真，诚实能干，这家人也对她很好。

夏淑琴自几年前家里遭难后，舅舅就是她的亲人，但她还有一位亲人，就是她的姨娘，但来往不多。1948年时，夏淑琴的姨娘去世，这时已19岁的她就去了下关姜家园劳工新村38号姨夫家，帮做家务连同看护小孩，并一直住到她结婚。夏淑琴姨夫叫曾国荣，1895年生，湖南湘潭人，在原籍做过木匠，打过零工，25岁时来南京在轮船上工作一年多，后去安徽安丰船上工作，29岁时又返回南京，在京浦铁路船上工作至1956年退休。

在这段时间里，夏淑琴因为要帮着料理姨娘家人的生活，免不了要上市场购买一些生活用品，诸如油盐米面酱醋菜煤等，因此她能够深深地体验到物价的飞涨。明明昨天还是那个价，到今天已上涨了许多，再过几天十几天甚至就是翻倍或几倍的上涨了。所以家里日常所用，她总是要赶快去买，稍有迟缓，就有大的损失了。

这个物价上涨仅是夏淑琴的直观感受，实际上这背后的数字更是惊人。据当时南京市政府统计，南京市趸售（指批发）物价，1947 年比 1937 年上涨了 10.4 万倍，零售国货上涨了 10 万倍；1948 年 2 月，工人生活费指数已为战前的 16.3 万倍。[①] 物价快速上涨，最直接的原因是，国民党统治集团发动的反人民内战，需要庞大的军费支持，在战场上由于遭到人民解放军的有力打击而接连失败，致统治区日渐缩小、税收骤降、财政赤字暴增。于是，国民党政府除加紧搜刮统治区人民财富外，主要就是靠大量印发钞票来解决问题。

在此情势下，难怪夏淑琴对物价飞涨有着切身感受，而且她上街办事，有时还看见或听闻有大批饥民甘冒风险，成群结队到米店抢米；有时还看见或听闻有成群的学生沿街游行，高喊“反饥饿、反内战”等口号。

日子就这样平平淡淡、紧紧张张地过着。劳作之余，夏淑琴常想念她那个十五六岁的妹妹淑芬。抗战胜利后那年，有亲戚家收养了妹妹淑芸。在那里，妹妹的生活也算安定。有时候，姐妹俩还能见个面，说说各自的事情，然后再恋恋不舍地分手。据夏淑琴后来接受采访时说：妹妹淑芬 1949 年后在安徽淮海机械厂工作，妹婿叫谢家培，也在那个厂工作。

南京学生反饥饿、反内战

1949 年南京解放前夕，排队领取口粮的儿童

① 中共南京市委党史工作办公室编：《南京解放史（1945—1949）》，中共党史出版社 2019 年 4 月版，第 228 页。

生活虽然艰辛，劳作依然苦累，但也有令夏淑琴深感宽慰的事情，那就是对日本战犯的审判与惩处。

日本发动侵华战争，并对中国人民特别是南京人民犯下不可饶恕的滔天罪行。随着日本战败和宣布投降，惩办战争罪犯，便成为包括夏淑琴家庭在内的全体中国人民的共同呼声和强烈要求。

1945 年 11 月 7 日，国民政府南京首都地方法院即成立南京敌人罪行调查委员会，对侵华日军在南京所犯大屠杀暴行开展调查。历时 4 个月的全面调查，获得了大量侵华日军在南京屠杀、伤害、奸淫、抢劫、破坏、强制服役等确凿罪证。

1946 年 2 月 15 日，南京审判战犯军事法庭成立（初名“中国陆军总司令部审判战犯军事法庭”，后易名“国防部审判战犯军事法庭”）。该法庭除审理其他日本罪案等外，更重要的是全权负责审理南京大屠杀案及惩办相关战犯。其中需要审判及惩处的南京大屠杀主凶之一，被列为乙级战犯名单的，就是侵华日军第六师团长谷寿夫。成立于 1945 年底的中国处理战犯的最高权力机构——战争罪犯处理委员会确认：“该部（指谷寿夫的第六师团）由中华门先行入城，直接指挥部下任意烧、杀、抢夺物资、强奸民妇等，实为惨杀我无辜人民最众之罪魁。”①

南京军事法庭为审判谷寿夫，开展了充分的调查取证工作。1946 年 10 月 28 日，在全城张贴布告，号召大屠杀中的幸存者、知情者、死难者家属来为审判提供确切证据，还在十几个区公所设立临时讯问处接受控诉，前往控诉者众多。期间，虽未有材料证实夏淑琴前往控诉，但她舅舅似应前往，或在情理之中。因为他的亲人在日军大屠杀中被杀戮、残害的太多了，现有这个控诉的机会，又怎能错过呢？

日本战犯谷寿夫接受中国法庭审判

① 《战犯处理委员会关于谷寿夫罪行调查表摘要》（1945 年 9 月 19 日），引自张宪文主编：《南京大屠杀史料集》第 24 册，江苏人民出版社 2006 年版，第 59 页。

12 月 31 日，检察官陈光虞以“破坏和平罪和违反人道罪”，正式起诉谷寿夫。1947 年 2 月 6 日至 8 日，审判战犯军事法庭在励志社开庭公审谷寿夫。审判中，尽管谷寿夫百般狡辩，拒不认罪，但在各种确凿的无可辩驳的证据面前，在众多遇难者家属及幸存者代表的愤怒指认面前，他罪责难逃！

3 月 10 日下午，南京军事法庭庭长石美瑜当庭宣判：“被告（指谷寿夫）与各会攻将领率部陷我首都后，共同纵兵肆虐，遭戮者达数十万众，更以剖腹、枭首、轮奸、活焚之残酷行为，加诸徒手民众与夫无辜妇孺，穷凶极恶，无与伦比。不仅为人类文明之重大污点，即揆其心术之险恶、手段之毒辣、贻害之惨烈，亦属无可矜全。应予科处极刑，以昭炯戒。”①

4 月 26 日中午，阳光照耀历经劫难的南京古城。谷寿夫由法警押赴中华门外雨花台刑场。行刑车驶经珠江路、碑亭巷、大行宫、太平路、建康路、中华路，穿过十年前被其所率侵略军攻陷的中华门城楼。沿途道路两旁站满了市民，均争睹末日来临时的屠夫谷寿夫，人人脸上呈现愤怒与快慰的情绪。在刑场的空地周围，也是人群密集，争睹刽子手应得的可耻下场。想必夏淑琴及舅舅家人，或许也在争睹谷寿夫押赴刑场及被枪决的观看人群中。

“砰！”随着正义的行刑枪声，谷寿夫这个罪孽深重的大魔头，终于在千夫所指、万众怒视中轰然倒栽毙命，其罪恶的生命于此终结！

这天，南京有许多受害者家庭摆出香案、灵位，点燃香烛、纸钱，用以告慰死去的亲人。

在对谷寿夫战犯判决并执行后，南京审判战犯军事法庭还对丙级战犯向井敏明、野田毅、田中军吉等 3 人进行了审判。

在日军进攻南京及随之进行的大屠杀期间，曾是少尉军官的野田毅、向井敏明 2 人，以“百人斩”为目标进行“杀人比赛”，残忍地杀害了已放下武器的中国战俘及手无寸铁的平民百姓数百人；曾是大尉军官的田中军吉，同样残忍地杀害了 300 余名中国战俘与无辜平民。

自 1947 年 9 月 20 日起，南京审判战犯军事法庭开庭，对从日本引渡回国并加以逮捕的野田毅、向井敏明、田中军吉 3 人进行初审、侦讯，并于 12 月 18 日，在获取确凿证据的基础上对其进行宣判：该 3 犯“以屠戮平民认为武功，并以杀人做竞赛娱乐，可谓穷凶极恶，蛮悍无与伦比，实为人类蟊贼，文明公敌”，已“构成战争罪及违反

---

① 中国第二历史档案馆等编：《侵华日军南京大屠杀档案》，江苏古籍出版社 1987 年版，第 611 页。

人道罪”，“各科以极刑”。[①] 次年1月28日，此3犯在南京雨花台被执行枪决，得到了他们应有的惩罚！

在中国国内开展的对于日本战犯的审判，在伸张人类正义的同时，也为日本东京国际军事法庭审判松井石根等同案甲级战犯并处以极刑，提供了有力的证据和法律支援。期间，那位拍摄日军南京大屠杀纪录片的马吉，亦曾出现在东京审判法庭上，展示夏淑琴一家7口惨遭杀害的历史影像资料，成为侵华日军在南京进行大屠杀的又一例铁的罪证。

获知谷寿夫以及其他日本战犯被审判和遭受极刑的消息，夏淑琴的心里自是快慰无比。此时，她不由得又想起了十年前那个腥风血雨的日子，想起了被屠杀和残害的外公、外婆、爸爸、妈妈、大姐、二姐，以及才刚1岁的小妹妹。她在心里默告他们：

“亲爱的爸爸、妈妈！亲爱的亲人们！你们知道吗？指挥南京大屠杀的大战犯谷寿夫被枪决了！咱们家的仇报了！祝你们在天堂宽心、平安！”

① 孙宅巍著：《南京大屠杀史研究与文献34·南京保卫战史》，南京出版社2014年版，第372页。

第四章　开始新生活

解放军占领总统府

1949年4月，正是春暖花开时节，绿柳垂丝，海棠绽放，黄莺婉啼，飞燕呢喃，一派欣欣向荣的景象。

此刻，仍住在姨娘家，一如既往忙里忙外的夏淑琴可能并不清楚，自1948年9月至1949年1月，人民解放军胜利地进行了辽沈、淮海、平津三大战役，消灭国民党军队154万余人，东北、华北、华中等大片地区已获得解放。同时，国民党反动统治更进一步陷入危机。1949年年初，在政治、军事、经济等重重危机面前，蒋介石无奈宣布下野，躲到他的老家浙江奉化，从幕后操纵时局去了。接着是副总统李宗仁当起代总统，为了保住国民党的半壁江山，以图东山再起，遂派了和谈代表团，到北平与共产党谈判。结果，虽然达成了和平协议，但最后还是被国民党的南京政府拒绝了。于是，中国人民革命军事委员会主席毛泽东、中国人民解放军总司令朱德，发布《向全国进军的命令》。4月20日，早已抵达长江北岸的人民解放军发起渡江战役，百万雄师横渡长江天险，以摧枯拉朽之势横扫江南之敌。4月23日，虎踞龙盘的南京城解放了。第二天，在国民党总统府大门楼上挂着的青天白日旗已被扯下，取而代之的是一面冉冉升起的鲜艳红旗，正迎着旭日高高飘扬。

此时，夏淑琴刚届20岁，正值青春年华，常年的劳作亦未能遮掩其江南女子的秀美风采。这几天，她虽然忙碌着，但也明显地感觉到外面的世界真的变了。先是听说国民党的军队都紧张仓皇地逃走了，“总统府”那边的大官也早早地不知流散到哪里去了；后又看见被称为人民解放军的部队，着布（草）鞋，扎绑腿，背背包，肩扛枪，一队一队地从大街上匆匆穿过。有个清晨，甚至还发现有解放军人员在道路边或屋檐下整齐地抱枪躺卧休息。

解放军战士入城

南京市民在新街口欢迎解放军入城

南京市民在新街口举行庆祝南京解放联欢活动

南京市民举行庆祝南京解放游行活动

在南京街头休息待命的解放军指战员

接着，夏淑琴看见城里几乎所有宽街大道，都有众多的市民、学生、工人、店员等，手举各色彩旗，兴高采烈地夹道欢迎解放军进城，载歌载舞地庆祝南京解放。每有这样的欢迎或庆祝队伍从门前经过，夏淑琴也兴奋地加入进去，跟着鼓掌，随着喊口号。行进中，夏淑琴还听到街头喇叭里传来与之前不一样的铿锵有力的播音员声音：

"所向无敌的人民解放军，已经解放了国民党22年来的反革命中心南京""南京的解放正式地表示了国民党统治的灭亡""中国人民民主革命即将取得完全的胜利"。①

这是播音员在播送新华社当天发表的社论——《庆祝南京解放》。夏淑琴听到了许多新名词，虽然朦朦胧胧地不甚懂得其中的含义，但她确实立刻明白了一件很重大的事情，那就是中国共产党领导的人民解放军，将南京解放了，国民党的政府垮台了，老百姓的日子今后要好过了！

古都南京，经过了如此翻天覆地的变化，夏淑琴惊奇地发现家里没有停水、停电，外面的交通也没有中断，社会秩序反而更比以前好了。她脸上洋溢着笑容，干起活来不知疲倦。

过后几个月，还有更令夏淑琴高兴的事情，那就是当年的10月1日，中华人民共和国成立了，北京在举行开国大典。南京全城都处在欢乐的海洋中，歌声、口号声、锣鼓声、鞭炮声，声声欢庆；入夜，华灯齐放，流光溢彩，焰火绽燃，璀璨夺目。这次夏淑琴可是彻底明白了：从今天起，就是新中国了！这个新中国，就叫中华人民共和国，自己就是这个共和国人民中的一个！所以她高兴啊，赶紧放下手中的活，热情高涨地参加到如潮的欢庆人群中。

南京军民举行盛大游行活动，庆祝新中国成立

夜晚，南京街头举行庆祝新中国成立活动

① 南京市档案馆编：《南京解放》（下），中国档案出版社2009年版，第627页。

识字班教学

新中国！新气象！

据夏淑琴回忆："1949年后，男女平等了，女娃也可以读书，我在下关上了3年夜校。一晚上两个小时，当时在夜校主要教我们认字，我的名字不会写，老师手把手地教我写'夏'，写'毛主席'"。[①]

可以理解夏淑琴那时上夜校读书时的愉悦心情。在新社会，又在大城市，若认不得字，可是两眼一抹黑啊。夏淑琴由于从小失去父母，先后在舅舅、姨娘家生活，他们的家境都比较艰难，再加之当时社会动荡，教育事业落后，又有传统的不重视女孩读书的习俗，所以，夏淑琴少年时一直没有读书的机会。到了十几岁后，一者逐渐成人，二者还要担当家里劳作，所以就更没有机会读书了。但她还是很羡慕读书人的，看看在欢庆南京解放、庆祝新中国成立的队伍中，不仅有男学生，也有不少的女学生哩！可自己还是一字不识，望着街头标语上的字，也不知是啥意思。

正在夏淑琴为读书而焦虑的时候，政府办的夜校开学了。20岁的她赶忙在临近住处的下关地区夜校报了名，然后就认认真真、正正规规地上了三年夜校。夜校自然是晚上上课，所以她在白天就干完了必须要干的活，晚饭后带着书本早早地来到夜校，跟着老师认字、读书。两个小时的在校时间过得很快，回到家还要再看看书、写写字。凭着刻苦学习，她认得的字越来越多。三年时间过去，她差不多就是小学的文化水平，慢慢地都能读书看报了。以后，她还继续地努力自学一些，文化水平仍有新的提高。这些也都是夏淑琴一生中深感高兴及欣慰的事情。

大概就是在夏淑琴夜校毕业后，1954年（一说是1953年），人生中又迎来一件重大的事情，那就是结婚。

这个时候，夏淑琴已24岁，按说，已早到了谈婚论嫁的年龄，此时恰好就有热心人给她介绍对象。

对方名叫张鸿章，1923年6月13日出生于河南省通许县朱沙岗区后七步村一贫

① 曾向东、徐康英、朱成山主编：《历史与记忆——117户南京大屠杀受害家庭（族）微观史调查与研究》（上册），南京出版社2019年版，第6页。

农家庭。早先家里还有地12亩、草房5间、一头牛和少量农具。后因家里人口多，劳动力不足，更加之常遭受自然灾害，每年打下粮食还不够完粮纳税，于是便借高利贷，结果过了几年把全部家具和土地卖光还不够抵债。生活难以维持，为此其父张金良生了一场大病，待好些后就出去扛长工去了，之后他十几岁的大哥、二哥也先后外出打工。

张鸿章自六七岁起，就开始为家里放羊和拾草。所谓拾草，就是撸些青草嫩叶喂猪喂羊，或是捡割些柴草用于烧饭。待到十二三岁时，母亲就领着他和其他小些的孩子外出逃荒要饭，尽管常遭人白眼与恶狗跟吠，但为了生存也只好忍辱受屈。同时，他也还在家里继续做些杂活。就这样过了几年时间，到1939年时，16岁的他已有了一把力气，遂帮父亲代人耘田，虽然干活要起早贪黑，受苦受累，收入却只有很少的一点。据张鸿章自述，那些年家里生活十分艰难，因贫病饥寒，他的大妹、二姐、三妹都悲惨地亡故了。

1943年4月间，正值抗日战争，张鸿章遭遇到一件不幸的事情，就是被伪军抓去做挑夫连同带路，结果就不准回家了，强逼他参加了伪军。就这样，他被硬生生地抓了壮丁，无奈地当了2年多的伪军，期间挨打受气遭压迫，自不待言。

1945年12月中，抗战胜利虽有数月，但日伪军仍盘踞在江苏省高邮县（今江苏高邮市）拒不投降。于是在华中野战军司令员粟裕指挥下，新四军部队发起高邮战役，一举歼灭守敌。也就是在此役中，随伪军部队行动的张鸿章被俘虏。

刚开始，张鸿章心里还有点紧张，但很快就有一位新四军首长告诉他，说你现在被“解放”了，回家干活去吧！看着亲切温和的“长官”，他心里一下子轻松了许多，便想了想，真诚地回答说：“我不回去了，家里一亩地也没有。现在还没有解放，回去仍然要受地主的压迫和剥削，我就跟着你们走吧！”于是，他就这样心甘情愿地参加了新四军，在其第一师第三旅第七团（即著名的“老虎团”）当了一名战士。[①]

1946年6月，国共全面内战爆发后，张鸿章所在部队参加了著名的苏中自卫反击战。9月，在海安对敌作战中，他不惧危险，勇猛冲锋，不幸负伤（肚腹中弹，右食指上关节折断），遂下战场入第三后方医院治疗，伤情逐渐好转。1947年，组织上安排他到华东荣誉军人学校学习。因政治、学习双优，同年10月加入中国共产党。期间因在荣校行军时能团结、帮助同志，并积极做好拥政爱民工作，荣立三等功。1949年5月后，曾一度在第三野战军后备兵团教导团中当战士，任班长。

① 关于张鸿章被“解放”和参加解放军（时称新四军）的时间，据张本人称是在1945年11月的高邮战役期间。但史载高邮战役的举行时间是12月19日—26日，故此处采用12月的说法。

1949 年 7 月，张鸿章转业到南京市公安局工作，后任建邺分局、下关分局科员，派出所副所长、所长等职。那时正是新中国成立前后，社会情况复杂，工作任务繁重，但他工作认真努力，颇得组织和同事好评。1949 年和 1950 年，他在反敌机轰炸中立有三等功，后又因在户口大登记期间表现积极、成绩卓著而再次荣立三等功。

当热心人为张鸿章和夏淑琴二人牵线相识的时候，张鸿章这时已至而立之年，身材壮实，面相诚恳，说话和气，并且有文化，有水平，又在政府里工作；而夏淑琴正值青春年华，其苗条身材尽显江南女子曼妙风采，同时又映衬出勤劳、质朴、不惧艰难的美好气质，文化程度虽不高，但在当时已是很难得的了。

夏淑琴与张鸿章两人真是有缘，经过相互了解，均表满意，于是在 1954 年就喜盈盈地结婚了。结婚那天，夏淑琴依依不舍地离开生活了五六年的姨娘家。另外，自己人生中重要的大喜日子，父母亲却不能在女儿跟前并相送，实在有些伤感和遗憾，这不由得又勾起她对那些行凶作恶的日本兵的痛恨！

夏淑琴他们结婚，可没有现在这样柔情的浪漫、隆重的仪式、阔绰的排场。据夏淑琴在接受采访时所说："当时，我就是拎个小包袱，大家在一起，泡点茶，吃吃瓜子就算结婚了。家里什么都没有，就只有一床被子，床都是向别人借的。"婚后就住在朝天宫附近的七家湾 38–1 号，直到 1960 年。

夏淑琴与张鸿章的结婚照（1954 年）

居家虽然简陋，空间狭小，但夏淑琴和丈夫的感情却甚为融洽。新婚之后，双双沉浸在甜蜜的幸福生活里，彼此关心，相互照顾。夏淑琴知道丈夫工作忙，经常要早出晚归，所以小家的事情她几乎全部包揽了，尽量不让丈夫分心。每当丈夫出门上班时，她都要嘱咐一声："在外注意安全！"每当丈夫下班回家时，她总能为丈夫拍拍身上的尘土，然后端出热腾腾的饭菜来。

不久，夏淑琴夫妻先后有了两个孩子，小小居室里洋溢着欢乐的笑声，同时也增加了许多家务事。为让丈夫安心工作，她全身心地在家里带孩子和操持家务。说累也不觉得有多累，按她的话说：“这些都不算个啥，早就习惯了！”随着孩子的逐渐成长，一张床显然不够用了，此时才新买了一张架子床。

自 1955 年后，夏淑琴丈夫张鸿章的工作几经变动，曾任南京市房地产管理局修建工程处副科长，抢险指挥部保卫干事，青龙山水泥厂保卫科副科长、车间主任等。虽然职务不高，工资也不多，但毕竟有稳定的收入。就是靠着这份收入，加之夏淑琴勤俭持家，虽然后头还有第三个孩子出生，但日子还过得去。倒是在 1959 年至 1961 年期间，国家遭遇三年经济困难，那时的生活自然要艰难许多，但这也不是她一家，全社会差不多都一样，饭虽然不能吃饱、吃好，但紧巴巴地还是挺了过来。

婚后的夏淑琴，尚无正式工作。1957 年左右，曾做过一段时间的治保委员；1958 年至1960年上半年，在南京小苏州食品加工厂做临时工。自1960年7月起，经组织介绍，被安排到南京中山陵园管理处做临时工。此时她丈夫张鸿章已于 1960 年中调到中山陵园管理处人保股工作，任副股长，全家亦于 1960 年搬到陵园石象路果园 7 号居住。大约也在此期间，夏淑琴妹妹夏淑芸被安排在一工厂上班。

1961 年，国家所遭遇的三年经济困难即将过去，而对夏淑琴来说，这一年也迎来了她人生的一个新的重要阶段。或许是组织上考虑到她家中有三个孩子，且只有她丈夫一人工作，负担较重；另外，她的孩子已渐渐长大，有的已上学，故而她也就可以离开家庭、做点事情了等原因，元旦刚过，时年已 32 岁的夏淑琴，即被安排在中山陵园管理处（即今中山陵园管理局的前身）工作，成为一名正式的园林工人。按她的说法，主要任务就是“在果园里除草、挖树、刨地，当时工资就是一个月二十几块钱”。

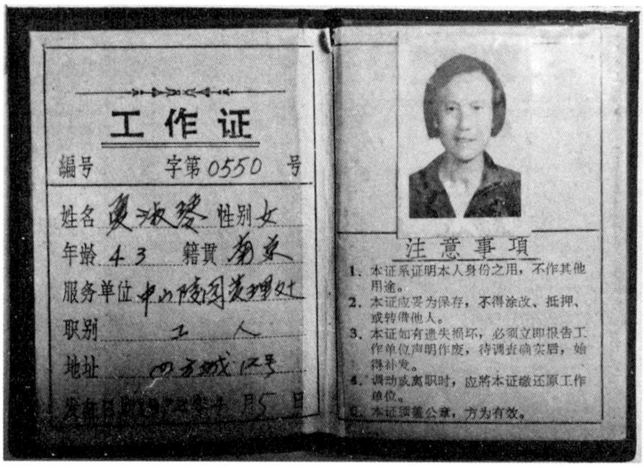

夏淑琴的工作证（1972 年）

尽管工资不高，但夏淑琴还是很高兴，并很珍惜这份工作。每个月能有固定的二十几元钱收入，用这一点钱可为孩子们买些学习用具，也可为孩子们逢年过节添置些新衣服，这对家庭也是个小小的贡献，不但能减轻些丈夫的负担，而且走出家庭，融入集体，证明自己还是一个对社会有用之人。

做园林工这项工作，对吃过不少苦的夏淑琴来说，也还比较满意。因自己文化程度不高，其他需要更多知识和技能的活也做不了；而干园林工，要说累也累不到哪里去，特别是中山陵园里边的环境真的是好。

春天来了，整个园区嫩绿翠青，尖尖的竹笋从泥土中探出头来，不经意间已节节拔高；早开的二月兰，在温煦的春风中俯仰摇曳，弥散的淡香，招引得蜜蜂嗡嗡飞至，蝴蝶翩翩舞来；园圃里更是梅花怒放，桃花艳开，杏花盛绽，梨花如雪。夏淑琴和工友们在弥散香味的花丛中除草、在小鸟啾啾的鸣叫声中松土。收工了，也是人在春色画中行，画在眼中心里留！

炎炎夏日，紫金山区可是满眼的郁郁葱葱。尽管外面骄阳似火，暑热难耐，可是到了园区，却是清风徐来，心旷神怡，尽显消闲纳凉的好去处。那高大挺立的梧桐树，伸展开茂密的枝叶，情意深深地为游人撑起遮阳巨伞；那雨后清澈的叮咚泉水，或从高岩上串串跌落，或在沟溪中欢快流淌。这时，夏淑琴她们管理的园圃里，既有成熟的桃杏，也有晚熟的青果。劳动在田间树下，不时有压弯的果枝头撩拨着她们的秀发。每当看到一箱箱吹弹得破的陵园蜜桃、一筐筐饱含甜瓤的陵园西瓜，陆续被装车外运，其收获劳动果实的喜悦，映红了个个还挂着汗珠的笑脸！

中山陵园（20世纪90年代摄）

紫金山（20世纪80年代摄）

金秋时节，放眼紫金山区，犹如色彩斑斓的巨幅山水图，美不胜收；赤橙黄绿青蓝紫，尽情地渲染着峰峦坡涧，令人迷醉；金盏银盏的满树桂花，攒足了劲地日夜绽放，浓浓的香味弥散在林间，荡漾在道旁，沁人心脾，令人陶醉；阳光穿过红黄相间的枫树叶，随着秋风吹拂，变幻成一束束光怪陆离的多彩线条，疑为仙境。此时的夏淑琴及工友们，正满怀喜悦、有先有后地采摘着硕果，那是黄澄澄的酥梨，这是红艳艳的苹果……春华秋实，这是大自然和劳动者的共同创造！

冬季来临，紫金山虽卸去彩妆，以素颜迎客，但深绿的雪松，依然迎着寒风巍然挺立，道旁的冬青，更是越冻越青。在冬天仍然青绿的一族中，却不仅仅是雪松、冬青而已，少说也不下十几个品种吧！下雪了，纷纷扬扬，飘飘洒洒，整个紫金山麓银装素裹，四野洁白。冬天虽然寒冷，但夏淑琴及工友们还有许多活要做，诸如给果树剪枝，给花木施肥，清理被积雪压断的树枝，铲除行道上的冰碴等。干这些活，开始时确是有点冷，但干着干着就热乎起来，何况冬天来了，春天还会远吗？你看那白雪厚压下的冬梅、春梅枝条上，蜡梅花竞相绽放，散发出阵阵清香，而一串串的春梅花骨朵，则吮吸着天地之精华，正待一花引来万花开呢！

春去秋来，寒来暑往，夏淑琴勤恳地、辛劳地在园林里工作着，并且和工友们的关系很要好，领导和组织上也对她和她的家庭很关心，所以工作得很愉快。闲余，她也会和工友们到山林间转转，有时也看到一些战壕及掩体之类，据说那些大都是1937年12月南京保卫战时，中国守军抗击日军进攻所残存下来的遗迹；当时在紫金山一带的中国守军，是装备精良、战斗力较强的教导总队，该部队曾在紫金山地区与日敌激烈拼杀，英勇搏斗，虽给敌以大量杀伤，但自己也牺牲了很多官兵。

触景伤情，夏淑琴每忆及此，就想起了南京城破后日军在南京的大屠杀，以及自己那么多亲人被日本兵屠戮和残害的悲惨场景，不由得伤心落泪。

自夏淑琴1961年到陵园管理处正式工作后，有近20年时间和丈夫张鸿章同在一个单位。虽然岗位不同，但基本上可以同时上下班，有事也能有个照应。夏淑琴的心里还是很愉快的。

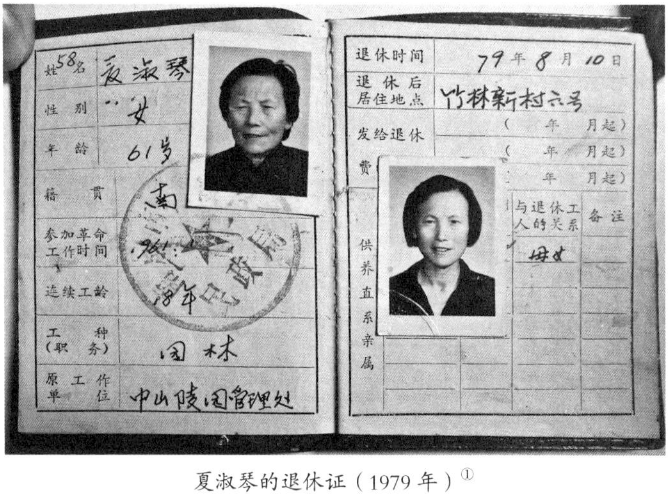
姓名 夏淑琴
性别 女
年龄 61岁
籍贯 南京
参加革命工作时间
连续工龄
工种（职务） 园林
原工作单位 中山陵园管理处
退休时间 79年8月10日
退休后居住地点 竹林新村六号
发给退休费 （ 年 月起）（ 年 月起）（ 年 月起）
供养直系亲属 与退休工人的关系 母女 备注

夏淑琴的退休证（1979年）[1]

① 夏淑琴退休证中的年龄应为51岁，此处所填61岁似为误写。

1979年8月27日，时任陵园管理处保卫科副科长的夏淑琴丈夫张鸿章离休。不幸的是，因生病医治无效，于当年11月29日去世，年仅56岁。在12月3日举行的追悼会上，单位治丧委员会在悼词中给予他很高评价，称："张鸿章同志在解放战争和社会主义建设中，忠于党、忠于人民，努力学习马列主义、毛泽东思想。他坚持原则、作风正派、大公无私、平易近人、联系群众、关心同志，勤勤恳恳、踏踏实实地工作，多次立功受奖。""张鸿章同志的逝世，使我们失去了一位好同志、好战友"，我们要学习他的优良品质，"化悲痛为力量，团结一致，努力工作，为实现四个现代化而奋斗！"

丈夫去世，对夏淑琴是个极大的打击。几十年情投意合、同甘共苦、朝夕相伴、贴心温暖的亲爱丈夫，以及孩子们慈爱的父亲，竟如此一去不复返地匆匆离开，这让夏淑琴十分悲痛，实在难以接受。恍惚间丈夫那俊朗的面容，忙碌的身影，还浮现在眼前，还停留在身边……

丈夫去世，不仅使夏淑琴在精神上受到打击，对家庭来说经济上也顿失支柱。那时，尽管儿子张学宁已在华东工程学院工作，但工资也不多。而长女张学萍、次女张学霞还暂时没有参加工作，所以家里的负担一下子又加重起来。

此时，50岁的夏淑琴在丈夫离休之前17天，即1979年的8月10日，已先正常办理了退休手续，后搬到竹林新村6号居住。夏退休后所领工资尚不足30元。为了给家里增加些收入，身体还好的她就开始做些零工，有段时间就在紫金山景区内的美龄宫帮着打扫卫生。

美龄宫可是赫赫有名的一处所在，它的正式名称为"国民政府主席官邸"，有"远东第一别墅"的美誉。原定为国民政府主席的寓所，后改作前往中山陵谒陵的高级官员休息室。抗战胜利后国民政府从重庆迁回首都南京，此处即为蒋介石官邸，蒋常与夫人宋美龄来此休息和度假，也在这里多次接待外国贵宾。因宋美龄常来此做礼拜，与蒋在此下榻休息，便称之为"美龄宫"。它的主体建筑是一座三层重檐山式宫

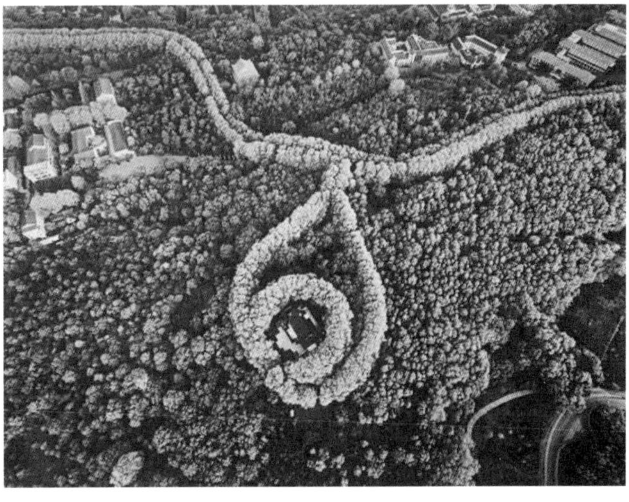

美龄宫鸟瞰

殿式建筑，顶覆绿色琉璃瓦。在其房檐的琉璃瓦上还雕着1000多只栩栩如生的凤凰，中国仅此一例。整座建筑富丽堂皇，内部装饰奢侈豪华。更具特点的是，其四周林木葱茏，终年百花飘香。若从空中俯视，依山势修造的美龄宫整体设计，犹如一串镶有绿宝石挂坠的珍珠项链。

夏淑琴就在这美轮美奂的豪华建筑里，赏心悦目的优美环境中，从事清洁工作，收入虽不多，也能小补家里生活所需。当然对她来说，在精神上也是一种安慰。

第五章 控诉日军暴行

也许是退休后有闲的时候多了，抑或是人年龄大了容易回忆旧事的缘故，夏淑琴不想回顾却又忍不住时常回顾1937年12月13日那个悲惨的日子。她想念自己的父母，想念自己的外公外婆，想念自己的两位姐姐，还想念自己那个可爱的小妹妹。

夏淑琴问天，问地，也问自己："日本兵为什么会这样凶恶残忍，1岁的孩子不放过，外公、外婆70多岁了也不放过，我全家7口人怎么全都被这些鬼子兵杀害了呢？"

就在夏淑琴百思不得其解的时候，1984年，有一位看上去很有知识和文化，同时又很和善、真诚的50岁左右的妇女，轻轻地敲开了她的家门。

来人叫段月萍，确是一位文雅的学者。当时为抗议日本文部省篡改教科书，并企图否定南京大屠杀的历史事实，同时能够让国人将南京大屠杀事件永远铭刻在记忆中，于是在南京大屠杀事件发生46年后的1983年年底，南京市成立了"南京大屠杀"编史、建馆、立碑领导小组，下设办公室，负责具体事宜。这样，段月萍就与另外两人一起组成了办公室"三人小组"，而她自己就负责史料搜集及寻访幸存者的工作。

任务艰巨，责任重大！

段月萍作为侵华日军南京大屠杀遇难同胞纪念馆主要筹建者之一，开始了艰难的为即将成立的纪念馆搜集南京大屠杀史料，并组织南京大屠杀幸存者调查等重要的基础性工作。

功夫不负有心人！

段月萍通过在中国第二历史档案馆、南京市档案馆、南京市图书馆等单位，查阅到与南京大屠杀相关的档案史料120多种，共计550万字，图片照片200余张。同时，她还主持开展了长达数月的南京大屠杀幸存者普查工作，这是中华人民共和国成立后的第一次。他们设计了登记表格，以亲身受害、亲身经历和亲眼看见为取舍标准，经过一遍遍筛查，终于确定了1200多名幸存者。正是这次普查，唐广普、刘永新、李秀英、夏淑琴等一批重要历史见证人被发现；而幸存者的口述证言恰与档案记载全部吻合，并互相佐证，充分证明了南京大屠杀历史的真实性。[1]

据夏淑琴口述称：1984年，有一天，侵华日军南京大屠杀遇难同胞纪念馆（当时该馆正在筹建，尚未正式开馆）段月萍副馆长（段于1985年纪念馆开馆后任副馆长）找到我，调查当年我家7位亲人遇害的情形，但那时及以后一段时期，是由舅妈王芝如来介绍我及亲人被日本兵残害的具体情况。

段月萍现场听闻日本兵在夏家大行杀戮、肆意残害其一家7口的暴行，被深深地震撼了！她凝重地记录下这些珍贵的口述史料，认为这些史料不能被淹没，而应当成为日军南京大屠杀的一个铁证，用以警示后人，并反击日本右翼分子否认南京大屠杀史实的企图。

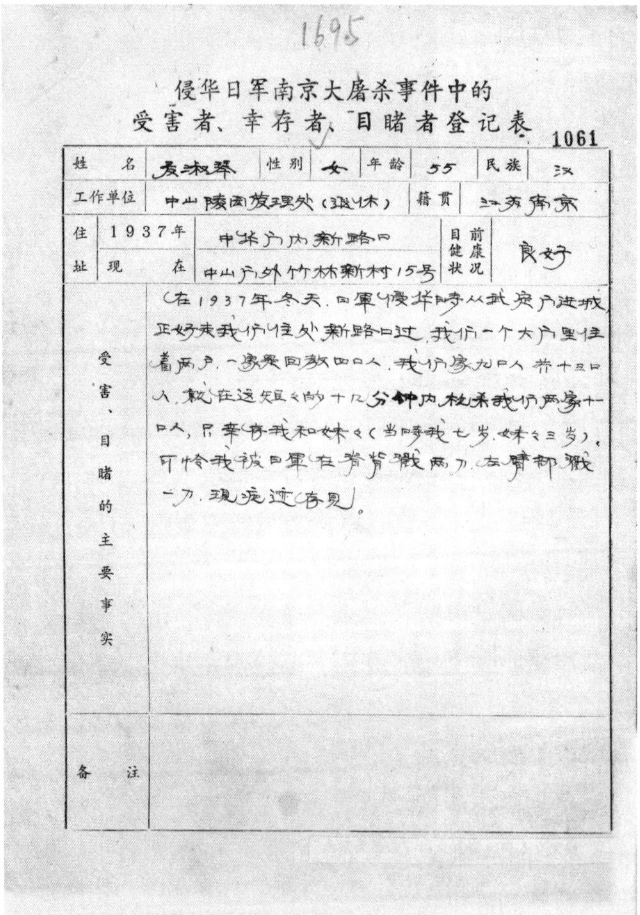

1695

侵华日军南京大屠杀事件中的
受害者、幸存者、目睹者登记表

1061

姓名	夏淑琴	性别	女	年龄	55	民族	汉
工作单位	中山陵园管理处（退休）			籍贯	江苏南京		
住址 1937年	中华门内新路口			目前健康状况	良好		
住址 现在	中山门外竹林新村15号						
受害、目睹的主要事实	在1937年冬天，日军侵华时从武定门进城，正好在我们住处新路口过，我们一个大门里住着两户，一家是回教四口人，我们家九口人，共十三口人，就在这短短的十几分钟内枪杀我们两家十一口人，只幸存我和妹妹（当时我七岁，妹妹三岁）。可怜我被日军在脊背戳两刀，左臂部戳一刀，现疤迹存见。						
备注							

南京大屠杀幸存者夏淑琴登记表（1984年）

① 参见蔡玉高、蒋芳：《段月萍：南京大屠杀史料“最早寻找证据的人”》，新华网2014年12月3日。

夏淑琴自称，从1985年起，她开始接受各方面采访。之后每年12月13日、清明节，她都会去侵华日军南京大屠杀遇难同胞纪念馆，参加悼念活动。在她的记忆中，那时候纪念馆只有一个长沙发、两个小沙发，条件比较简陋。

也是从那时起，夏淑琴的生活发生了很大变化，人生轨迹也增添了新的内容。以前，夏淑琴可能觉得自己家庭的劫难遭遇，就是个人家庭的悲剧，是当年那些罪恶的日本士兵作下的孽，几十年过去，已尽可能地不去回念那残忍的场面，那伤痛的一幕。

现在她通过接受采访和参加悼念活动，逐渐地有了新的理解，有了新的感悟。原来自己家庭的劫难不仅仅是个案，而是整个日本帝国主义在侵略中国时所犯下的滔天罪行之一；在侵华日军进行惨绝人寰的南京大屠杀时，有30万以上的同胞遇难；那时日本侵略中国，是乘了中国内部的战乱及发展落后、国力衰弱之机；当年加害中国人民的日本，其国内现在竟然还有一些右翼分子，企图否认南京大屠杀罪行，甚至还想复活日本军国主义；当今中国及世界人民要求和平，但不能忘记过去，要以史为鉴，绝不能让历史的悲剧重演；自己作为南京大屠杀的幸存者，有责任、有义务将真相告诉下一代，告诉世界人民；我们要珍爱和平，伸张正义，反对侵略，同时一定要建设好我们社会主义的国家，国家富强了，中国人民、中华民族才不会任人欺辱和侵略！

夏淑琴除了不时地接受媒体和研究者采访，在重要节日参加悼念遇难同胞的活动，还应邀去许多单位或在一些会议场合，报告她的家庭中7位亲人被日本兵屠杀残害的悲惨情景，以亲身经历控诉日本兵在南京大屠杀中所犯下的种种罪行，告诉人们不要忘了这段历史，要为遇难者伸张正义，用事实反击日本右翼分子企图否认南京大屠杀的妄想。

夏淑琴在南京航空航天大学举行的报告会上控诉日军南京大屠杀暴行（1994年12月5日）

夏淑琴（左一）在南京市南湖一中团委举行的“牢记国耻　振兴中华”主题会上控诉日军暴行（1994年）

夏淑琴给孩子们讲述日军暴行，勉励他们好好学习，建设祖国

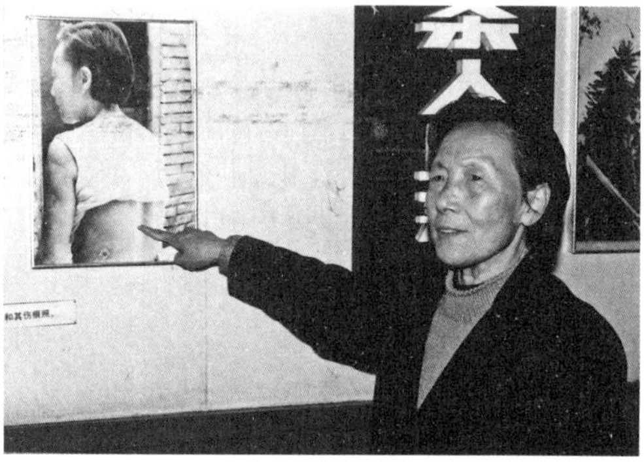

夏淑琴手指照片上自己背部被日本兵刀刺后留下的伤痕（1994 年）

令夏淑琴印象非常深刻的，是自己以南京大屠杀幸存者身份，于 1994 年赴日本控诉侵华日军罪恶的那次难忘经历。

那是 1994 年 8 月，夏淑琴随同侵华日军南京大屠杀遇难同胞纪念馆馆长朱成山、中国国际交流促进会蔡淑琴一起，应日本民间组织“铭心会”的邀请，赴日本参加缅怀亚太地区战争遇难者的活动，并宣传南京大屠杀事件的史实，以便让更多的日本人了解历史的真相，进而与日本人民一起以史为鉴，共同开拓和平友好的未来。

“铭心会”，是由一位名叫上杉聪的日本普通中学教师于 9 年前发起的民间组织，全称“悼念亚太地区战争牺牲者，把他们铭刻在心”，简称“铭心会”，其初衷即是对历史与现实的反省。“铭心会”成立后，很快波及日本的东京、京都、广岛等 17 个地区。在每年的 8 月 15 日前后，他们都要在中国的南京、马来西亚的文津、韩国的汉城以及日本国内的 17 个城市，举行集会，谴责战争，缅怀受害者，吸取历史教训。[①] 这次朱成山、夏淑琴等一行，就是应该会邀请，赴日本参加一年一度的集会。

这是夏淑琴第一次出国，且肩负着重要的历史责任。她要在日本人面前，控诉当年侵华日军在南京的大屠杀暴行，以及自己家庭所遭受的灾难。但据她所言：此行并不感到紧张，因为我将讲述事实，这没有什么可紧张或害怕的；要说紧张或害怕，那应当是日本国内右翼分子企图否定南京大屠杀的谎言会被揭穿；并且日本人对中国人也还是友好的。

---

① 参见朱成山著：《为 300000 冤魂呐喊——朱成山研究南京大屠杀史文集（下）》，新华出版社 2001 年版，第 9 页。

夏淑琴他们这次到日本，从1994年8月4日至17日，其间到过日本东京、广岛、大阪、千叶、长崎、神奈川6个地方，做过近20个场次控诉日军暴行的证人发言。和她一起做控诉发言的，有来自马来西亚一位名叫黎森全的华侨，他曾遭日军4刀刺胸而未死；还有来自韩国的金他焕、金分顺等，他们分别是被日军强制押往冲绳岛等地，在重体力劳动的摧残下而幸免于难者。

1994年8月5日，在日本国会参议院会议室举行朱成山、夏淑琴来日本新闻发布会

在作为证人的控诉发言中，夏淑琴以其亲身经历，悲情叙述当年日军杀害她家7口人，包括70多岁的2位老人和1岁的孩子，并强奸、凌辱和杀害她的母亲及2个姐姐的事实，指其手段之残忍、卑劣，场面之血腥、恐怖，实在骇人听闻！她在诉说中还对着记者的闪光灯撩起自己衣服，显露当年身遭日本兵刀刺的多处伤疤。

夏淑琴在台上悲愤痛诉，在台下的许多日本人也是边听边流泪，其低低的抽泣声有时竟响成一片，足见台上人和台下人在感情上的沟通和共鸣。

夏淑琴的血泪控诉，以及朱成山馆长所做关于南京大屠杀的研究报告，引起许多有良知的日本人的互动反应。他们醒悟到当年日本发动的对华战争太邪恶了，日本军队在南京所犯下的屠杀罪行也太残忍了，日本军国主义的确欠下南京以至中国人民一笔血债！

在京都集会时，就有位30多岁的妇女流着泪，对朱成山及夏淑琴等真诚地表示："像我这样受过大学教育的人，今天才第一次知道当年日军在国外干了那么多坏事，像我一样不知道历史真相的日本青年人肯定还有很多。”①

在神奈川集会时，还有位名叫春山美保子的听众感慨地说：“我父亲曾参与了侵华战争，并接受过杀人训练……我为身为一个日本人而羞耻。我是名教师，经常给孩子们讲这段历史，教育他们不要去打仗，不要战争。”“请你们放心，尊重历史的日本人还是有的。我个人的力量虽然很小，但我愿意为日中永远友好不懈地去努力。”②

以上两位日本人的真情表达，反映了许多日本人的共同心声。

夏淑琴一行在日本的一些地方，还遇到一些特殊的“受害者”——

1994年8月5日，朱成山、夏淑琴在日本神奈川集会上

1994年8月5日，朱成山、夏淑琴在日本神奈川集会上

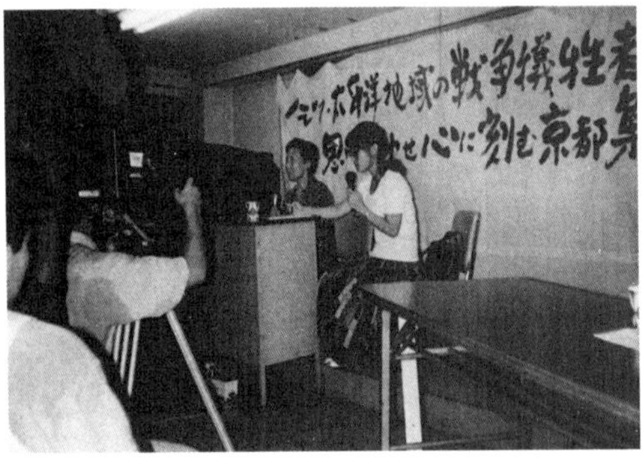

1994年8月6日，夏淑琴在京都集会上作证

1994年8月7日，朱成山、夏淑琴在日本广岛集会上

① 朱成山著：《为300000冤魂呐喊——朱成山研究南京大屠杀史文集（下）》，新华出版社2001年版，第7页。

② 朱成山著：《为300000冤魂呐喊——朱成山研究南京大屠杀史文集（下）》，新华出版社2001年版，第10页。

1994年8月10日，朱成山、夏淑琴接受日本朝日电视节目主持人采访

1994年8月13日，朱成山、夏淑琴在日本千叶集会上

据领队的朱成山馆长记述：

在东京，我们遇到一位来自名古屋市的79岁日本老人，叫杉山千佐子。她在名古屋遭空袭时，左眼被炸瞎，终身致残。当她听了夏淑琴的控诉后，紧紧地拉着夏淑琴的手，心怀愧疚地连声说：“对不起！对不起！日本军队的残暴给你及家庭带来了太多的灾难。”

在广岛，一位拄着双拐的女性老人，名叫诏田铃子（“原爆被害者协会”副会长），与我们同台控诉战争给人民带来的灾难。她说广岛原子弹爆炸时，21岁正值豆蔻年华的她被夺去了双腿，家里还有5口人被夺去了生命。但她看了南京大屠杀纪念馆编印的《南京大屠杀暴行照片集》后，就每次在集会发言时，都要加上这句话：“日本人既是受害者，同时又是加害者。”

1994年8月14日，朱成山、夏淑琴在日本岛根县大田集会上

在岛根，大田市议会一位名叫下迫纪弘的议员，言辞诚恳地说：我的父亲是位驾驶兵，在中国浙江金华地区被地雷炸死，“过去，我一直认为自己是受害者。听到中国人所受的战争苦难后，我觉得日本人是加害者，要向中国人民赔不是。”①

① 朱成山著：《为300000冤魂呐喊——朱成山研究南京大屠杀史文集（下）》，新华出版社2001年版，第7—9页。

夏淑琴在日本做证人发言，有时也会遇到别有用心的“质疑者”。在千叶县船桥市中央公民会馆，就发生了这样的事情。

那是8月12日晚9时，在夏淑琴发言后的现场答辩环节，与友好的对话、交流和沟通氛围不和谐的是，人群中突然站起一位自称政治家的30多岁男子，不怀好意地高声叫道：“夏淑琴的讲话不可信，因为我看到一则资料说，蒋介石、宋美龄在12月8日已撤离南京，其余的人全被弄到国际安全区保护起来，怎么会有12月13日夏家的被害？另外，东京国际法庭的判决不对，日本不是侵略者。”

此人讲话未完，便遭到与会者表达不满的嘘声。面对这个自封“政治家”的挑衅，朱成山馆长当场站了起来，对其谬论依据事实予以严正驳斥。他说：蒋介石、宋美龄是12月7日离开南京的，并非12月8日；当时日军还没有攻城，南京大部分市民都在自己家里，后来有一部分陆续躲到安全区，一部分滞留江边，一部分到郊区农村，还有一部分仍旧待在家里。夏淑琴家就属于最后一部分市民群体，所以并非其余的人全部都到安全区去了。

在朱成山发言反驳后，日本友人古川透站起来大声说：“反对刚才那个人的发言。日本军在南京的暴行，无论在国际上还是在日本国内都有许多真实的记载。”在场的日本人也纷纷谴责那个自称“政治家”的发言：“在历史的证人面前，说这样的话太不礼貌”；“这种说法是想从根本上破坏日中友好”；“作为一个有良知的日本人，对历史发言应该负责任”[①]。一看大家都反对，那位自讨没趣、内心惊慌的“政治家”，最后竟然灰溜溜地跑掉了。

夏淑琴一开始听到那位“政治家”的发言，心里非常生气：果然在日本国内有人要否定南京大屠杀的历史事实，甚至还要否认夏家惨案的发生。紧接着，她听到朱馆长对那人胡说八道的据实驳斥，再后又听到那么多有良知的日本友人的仗义执言，心情才渐渐平缓下来。

是的，在日本国内确有一些右翼分子企图否认南京大屠杀的存在，但的确又有更多的日本人尊重历史事实，主张以史为鉴，教育下一代，不能让历史的悲剧重演。

8月5日，夏淑琴等在朱成山馆长带领下，来到日本国参议院，拜会了议员田英夫，田说：“日本国内有一些人不承认南京大屠杀，给你们带来一些麻烦。我从1971年起开始研究南京大屠杀史，并专门到南京进行过实地采访，会见过6位男性幸存者，并在报纸上一一发表访谈录。可以说，我是研究和宣传南京大屠杀史比较早的日本人。”

---

① 朱成山著：《为300000冤魂呐喊——朱成山研究南京大屠杀史文集（下）》，新华出版社2001年版，第10—11页。

说完，他还把6篇稿件的复印件，全部赠送给侵华日军南京大屠杀遇难同胞纪念馆。

8月12日，朱成山、夏淑琴等一行，来到日本众议院议长官邸，受到女议长土井多贺子的亲切接见。土井多贺子说："日本必须对历史进行反省。把历史的事实告诉青年人，这是一项十分重要的工作。"她又说："中国和日本两国人民应该加强心与心的交流。目前，这种交流还很不够，今后还要进一步加强。"

8月13日，朱成山、夏淑琴一行在下榻的东京浅草桥饭店，接待了一位73岁高龄的老人，此人原是一桥大学历史系教授，叫藤原彰，曾与其他两位专家一起，先后写过十几本有关南京大屠杀的书籍，揭露侵华日军在南京的暴行。他说，在日本要公正地研究和报道南京大屠杀事件，还须冒着风险，时常会遭到右翼分子的威胁和骚扰。但他说："这并不可怕，作为历史学家，把历史事实弄清楚，把真相告诉下一代，是我们的责任。"[①] 据朱成山馆长记述，他们这次在日本期间，像这样仗义执言的教授接触到十几位，这些专家学者们"敢于正视历史，并依据史实做理性的思考，写出了一批富有历史责任感的书籍，教育和影响了相当多的日本人"。[②]

朱成山、夏淑琴他们这次在日本，除了会见研究南京大屠杀事件的专家、学者及普通教师外，还会见了一位特殊的满头银发的老人。这位老人是1956年7月被中国政府释放回国的1062个战犯之一，名叫高桥哲郎。这些人回国后，自发地成立了一个全国性组织——"中国归还者联络会"，高桥任秘书长。相见中，高桥谈起中国政府改造战犯的政策时，激动地说："侵略战争把人变成了鬼，而中国政府又把鬼变成了人。"[③] 为此，他数年如一日地为日中友好奔走呼号。

8月15日，是日本天皇宣布无条件投降的日子。在大阪铭心会总部的主会场内，"缅怀亚洲太平洋地区战争牺牲者，把他们铭刻在心第九次集会"正在举行。面对台下座无虚席的六七百名听众，夏淑琴作为来自中国的受害者、证人，再次讲述自己家庭在侵华日军南京大屠杀中，9口人中竟有7口人被残忍杀害，自己也被刺成重伤的惨痛经历，并发自内心地呼吁和平，反对战争。其他来自马来西亚、韩国的受害者与证人，也在台上讲述了他们各自的苦痛经历。

大会在向亚太地区战争牺牲者默哀15分钟后，由一位名叫黑山的日本姑娘念起

---

① 朱成山著：《为300000冤魂呐喊——朱成山研究南京大屠杀史文集（下）》，新华出版社2001年版，第14页。

② 朱成山著：《为300000冤魂呐喊——朱成山研究南京大屠杀史文集（下）》，新华出版社2001年版，第14—15页。

③ 朱成山著：《为300000冤魂呐喊——朱成山研究南京大屠杀史文集（下）》，新华出版社2001年版，第15页。

了大会的《非战宣言》，其中说，“从遥远的马来西亚、中国、韩国来日本的各位朋友们，手提着沉重的旅行袋，从集会走向另一个集会，在（日本）各地再三地作证讲给我们听。回想起来这些痛苦的体验，就令人不禁憎恨日本（旧）军队……可是现在还有（日本）阁僚在说‘南京大屠杀是捏造的’‘从军慰安妇是公娼’，如果没有你们严厉的斥责，我们也许会忘掉这些。今天，你们的证言，对于我们是一个自我批评的材料，也是一个重新出发的准备。所以，这个证言我们是必须要听的”；我们每个人要将你们的证言，“负责任地拿回到公司、家庭、朋友那里，讲给他们听”；我们必须努力推动更多的日本人，“去听亚洲各地被害者的证言”；“为了不再犯同样的错误，日本政府必须对于亚洲各地的每一个人道歉、赔偿，也应该（向）为战争而受害的日本人赔偿，虽然他们是加害国的人民”。《宣言》最后表示，历史不应当忘记，日本应当负起战争的责任，今后，我们要用“全身的力量去努力”。[1]

当这位姑娘用清脆的嗓音念完这篇《宣言》，全场立刻爆发出长时间的掌声。随后，这份《宣言》被散发到全场，将被与会者带到日本各地。

当夏淑琴看到这样既悲愤、凝重，又庄严、热烈的场面时，也是激动不已。想不到在日本，还有这样强大、正义和追求和平的力量，还有这么多善良、真诚和对华友好的各界人士。据夏淑琴回忆，他们一行在大阪时，“一个30多岁的日本学生跪在我面前，给我赔礼道歉说，他都30多岁了，竟然不知道这段历史。”

1994年8月17日，朱成山、夏淑琴在日本大阪火车站

① 朱成山著：《为300000冤魂呐喊——朱成山研究南京大屠杀史文集（下）》，新华出版社2001年版，第12—13页。

8月17日，夏淑琴一行参加日本铭心会的第九次，也是中国受害人首次赴日参加的铭心会集会圆满结束。此行令夏淑琴老人印象深刻。当年她已65岁，但不顾年龄较大，天气炎热，仍随队乘车奔波，辗转日本许多地区，作证发言，会见交谈。确实很辛苦，但她并不感到多苦多累，反而觉得自己能够在这样特殊的场合，讲述侵华日军南京大屠杀的事实及自己家庭的悲惨遭遇，这对回击日本右翼分子对南京大屠杀史实的歪曲与抹杀，并呼吁世界和平、反对战争，应是尽到了自己的一份责任，也作出了自己力所能及的一点贡献，所以她感到十分欣慰。同时，她也非常感谢朱成山馆长及其他同行者，对她吃住行等各方面的关心和照顾。

第六章　东瀛阴风起

1994 年 8 月，夏淑琴随代表团回到南京后，其时正值盛夏，气势雄伟的城墙内外，高大的梧桐树浓阴蔽日，倒映垂柳的秦淮河水，载着丝弦声声的画舫穿梭往还。

夏淑琴回想此次日本之行，还是感慨良多：既以亲身经历、家庭遭遇、金陵劫难，控诉了当年日本侵略者的累累罪行；又传递出自己以及南京人民、中国人民维护正义、向往和平的共同心声。同时，也结交了不少反对战争、热爱和平的日本友人。那么自己回国后，也要把自己这次在日本的感受，尽可能多地告诉身边人，既要记住 1937 年那段惨痛历史，又要推动世界的和平事业，让我们的国家富强起来，再也不让侵略者踏上我们国家的一寸领土，让我们的子孙后代远离战争，和和美美地乐享幸福生活。

事实也正如此，夏淑琴回国后利用合适的机会，诚挚地表达自己以及南京人民、中国人民，愿以史为鉴、珍爱和平的美好心愿。

1995 年 8 月 13 日，南京大屠杀幸存者夏淑琴（左二）在纪念馆接受日本歌唱演员、电影演员李香兰（大鹰淑子）采访

1997 年 12 月 13 日，夏淑琴参加“江苏省暨南京市各界人士悼念侵华日军南京大屠杀遇难同胞 60 周年仪式”

之后，她还有机会重回当年那不堪回首的新路口 5 号，并在这里意外地见到她曾不时惦记着的故人。

1998 年 12 月 24 日，夏淑琴参加香港学生大使“爱我中华、建树香江”华东交流团开营仪式

那是 1997 年 7 月 24 日，侵华日军南京大屠杀遇难同胞纪念馆馆长朱成山，陪同日本历史学会元山美俊、米丸正德等一行 30 人，一起前往夏家的受害地，即新路口 5 号。当然，这时的新路口 5 号已历经变迁，改为马道街 110 号了。作为夏家劫难的幸存者，夏淑琴也被邀请一同前往。对这个曾经度过儿童时光，但又经历日军在此血腥施暴的曾经居住地，夏淑琴实在是不忍多看一眼，怕又勾起那段惨痛记忆。但她觉得日本的历史学者能够来此调查当年日军罪行，自己就有责任、有义务给他们现场讲述当年的惨景。所以她还是来到当年的新路口 5 号。此处虽然已面目全非，但她仍然记得家人的遇难场所……

夏淑琴拢了拢满头银发，努力平静下心情，向朱馆长以及日本学者们讲述当年日本兵是怎样闯进院内，残杀了她外祖母、外祖父、母亲、父亲、两个姐姐、一个幼小的妹妹，共 7 口人，并且强奸、凌辱了母亲和姐姐……她领着这些日本友人，一边噙着泪水，一边指着家人遭难的大概位置。同时，她也告诉客人，一同住在大院里的哈家，也有 4 人惨死在这次劫难中。倾听着在这个大院里劫难的幸存者的述说，在场人莫不神情凝重，移步深思。

在这里，夏淑琴意外地与哈家的后人哈梦鹤在劫难后第一次见面。这分别都有 60 年了。据哈梦鹤讲述，他家原也是住在新路口 5 号的，房主哈国栋是他的三叔。1937 年时，他 9 岁，比夏淑琴大 1 岁，那时夏淑琴常喊他哥哥，两人常在一起玩。1937 年 12 月日军进攻南京时，哈梦鹤的父亲带着家人外出躲避。辗转多地后，因担心家人安危，他父亲就带着他偷偷地在 12 月 20 日回到新路口 5 号探看。一进院子，父子俩就被夏家 7 口、三叔家 4 口为日军残杀的血腥场面惊呆了，而且还惊悚地在院门的两边侧后发现有两位不认识的人也被杀害，而且样子十分吓人。谈起近况，哈梦鹤称他后来在扬州市工作，现已退休，又返回老家南京居住，这次他也是被邀请来此陪同日本友人指看当年日军行凶现场的。而今近 70 岁的两位老人在此特定场合相见，其情其景十分感人。岁月的沧桑，在他们的脸庞上留下深刻印记，而两家那时同遭劫难，同有亲人遇害，直令两位老人的心灵深处再遭撞击……

站在记忆中的新路口5号旧址前，夏淑琴和哈梦鹤在痛苦的回忆中相互表达共同的心愿，绝对不能忘记这段家庭的历史、南京的历史、国家的历史，要让世世代代的人们记住这段屈辱的历史，并且要加倍地珍惜今天来之不易的和平，坚决不让历史的悲剧重演！

然而，树欲静而风不止！

就在夏淑琴自1994年第一次赴日参加证言集会回国后，几年间利用一些机会、场合，诚挚地表达自己以及南京人民、中国人民，愿以史为鉴、珍爱和平的美好心愿的时候，那个在数年前自己曾去过的日本国内，却传来令她以及中国人民感到吃惊乃至愤怒的消息。

原来，随着中国以及国际社会对南京大屠杀事件研究的逐步深入，随着更多侵华日军在南京烧杀抢掠的真相被不断揭露，随着南京大屠杀幸存者夏淑琴等，以现身说法在日本为南京大屠杀骇人听闻事件作证，也随着日本国内一些有良心与正义感的民众，愈来愈多地接受日军在南京以至中国施加暴行的史实，日本国内一些鼓吹军国主义的右翼分子坐不住了。他们纷纷跳将出来，公然否定侵华日军在南京的大屠杀暴行，并且将攻击的矛头具体指向夏淑琴、李秀英等幸存者，特别是夏淑琴、李秀英两位老人。因为在日本右翼分子眼中，夏淑琴、李秀英根本就是“眼中钉”“肉中刺”。原因在于这两位在许多的幸存者中最具典型性，她们的家庭劫难早被记载在《拉贝日记》、马吉所摄纪录片等历史史料中，而且还被作为典型案例，成为审判日本战犯的有力证据。另外，她们两位老人，不但是侵华日军南京大屠杀的直接受害者和健在的亲历见证人，而且还是世界和平事业的积极呼吁者、推动者。这些年来，她们经常在清明节、12月13日，参加悼念南京大屠杀遇难同胞的公祭仪式和纪念抗日战争胜利等社会活动，并且时常在学校、机关等单位做报告，接受国内外媒体采访，以亲身经历悲愤控诉侵华日军南京大屠杀暴行。因此，夏淑琴、李秀英这两位作为南京大屠杀历史的活的见证者，在中国有着很高的知名度，而在南京几乎家喻户晓。

于是，日本右翼分子在整个否定侵华日军南京大屠杀暴行的同时，就特别忌恨夏淑琴、李秀英二人，其中比较突出的有两个，一是东中野修道，一是松村俊夫。此两人究竟是何许人也？

东中野修道，日本东京亚细亚大学教养部教授，所著《南京大屠杀的彻底检证》一书，于1998年在日本展转社出版。

松村俊夫，日本昭和二年（1927）出生于爱知县名古屋市，昭和二十三年（1948）毕业于名古屋经济专科学校（现名古屋大学经济学院），后进入冈古钢机株式会社。曾在美国纽约工作7年，昭和五十九年（1984）退休。此后，以日本古代史为中心，对同时期史料按其出现前后顺序进行研究，发表有《谁也没有发觉的日本古代史——倭国和大和》《随军慰安妇——对挺身队无知造成的虚构事件》等主要论文。并于1998年也由日本展转社出版其所著《南京大屠杀大疑问》。

东中野修道、松村俊夫二人，称得上日本右翼势力中的极端狂热分子，其分别所著《南京大屠杀的彻底检证》与《南京大屠杀大疑问》两书，对侵华日军南京大屠杀的历史，发出无端的质疑并予以否定。他们一个宣称要对南京大屠杀进行所谓的“彻底检证”，一个则对南京大屠杀发出“大疑问”。请看，在这里一个叫嚣“检证”，还必须是“彻底”，一个妄言“疑问”还必须是“大”；而南京大屠杀这一举世公认的特大惨案，则早已记录在册、铁证如山：在1937年12月13日至1938年1月的6个星期内，侵华日军在南京屠杀同胞总数达30万人以上，古城南京有三分之一的建筑物被烧毁，无数公私财物被掠夺，在日军入城的最初一个月内，仅市内就发生2万多起强奸和轮奸暴行。战后，远东国际军事法庭和南京审判日本战犯军事法庭均对南京大屠杀作了专案审理，形成了历史性的判决。[①]

此二人所著两书，站在日本军国主义的顽固立场上，竭尽全力地为参与南京大屠杀的日军洗涮罪名，还时时处处为这些侵略者们鸣冤叫屈，竟撒谎称：“所谓南京事件，不过是作为军队行动的枪杀二三百人而已”“并且那也是为了排除中国人和中国军队的抵抗”[②]，还诬称当年发生在南京的“掠夺”“强奸”“放火”不是日本军所为，而是包括难民和中国军人在内的中国人干的[③]，因此，“要重新审视以南京事件为象征的历史认识论”。

此二人所著两书，竭力地坚持怀疑一切、否定一切的所谓“彻底检证”观点，妄图全盘否定侵华日军南京大屠杀的加害历史；并且还打着“学术研究”的幌子，以所谓的“检证历史”为由，对所有的证人证据一概进行否定。他们攻击当年留在南京的外籍证人如拉贝、马吉、贝茨、菲奇等，都是“亲中国的外国人”，他们的证言均是道听途说的“传闻”“偏见”，不足为信；攻击当年中、美、英三国记者有关南京大屠杀的报道，是“共同的反日宣传”；还攻击东京远东国际军事法庭和南京审判日本战犯军事法庭对南京大屠杀案的审判，是战胜国对战败国的审判；并且攻击南京大屠

① 参见朱成山著:《为300000冤魂呐喊——朱成山研究南京大屠杀史文集(上)》,新华出版社2001年版,第421页。

② 参见朱成山著:《为300000冤魂呐喊——朱成山研究南京大屠杀史文集(上)》,新华出版社2001年版,第421页。

③ [日]松村俊夫著，赵博源等译：《南京大屠杀大疑问》，新华出版社2001年内部发行，第292页。

杀的幸存者是“假证人”。

此二人所著两书，大量地采用了任意剪裁、胡乱拼凑、移花接木、恶意臆测、瞒天过海等卑劣手法，肆意篡改和妄图抹杀南京大屠杀的史实。看似引用了林林总总的各种证言资料，其实都是经过他们别有用心的拼接，以及精心和任意的“打扮”后，而貌似有根有据地为他们否定南京大屠杀的真实历史服务。

东中野修道、松村俊夫二人，在抛出的这两部臭名昭著的著作中，除以虚假证据与欺世谬论否定南京大屠杀之事还把诽谤、污蔑的矛头重点指向南京大屠杀的幸存者夏淑琴、李秀英身上，诽谤她们是“假证人”。

其中东中野修道在其所著《南京大屠杀的彻底检证》中，就曾针对夏淑琴这位当年家庭中有7位亲人遇害，而她自己与妹妹艰难侥幸活下来的史实，进行所谓的质疑和无赖的否定。他在书中针对当年亲历者、目击者、记录者、报道者在叙述夏家劫难时，某些日军加害时间、加害地点、加害方式等方面的细节差异，而用吹毛求疵、以小喻大、自设矛盾等诡辩方式，提出所谓的9大疑点，对日军加害夏淑琴一家的基本事实予以否定。他在书中诬称：“‘8岁女孩’（指夏淑琴）即不是XIA（指夏家）的孩子也不是MA（实指房东哈家）的孩子。她既不姓XIA也不姓MA”。① 他还胡乱联系、妄加推测说：“根据《汉语大词典》，夏淑琴的姓是‘夏’，其发音为xia。但是根据以往的调查‘8岁女孩’（指其他史料记载的夏淑琴）不会是姓xia。‘8岁女孩’与夏淑琴并非同一个人。”② 其结论就是夏淑琴的身份存疑，夏淑琴就是一个不存在的“假证人”。

与东中野修道污蔑幸存者夏淑琴的卑劣手法类似，松村俊夫也以与其大致类同的拙劣伎俩，同样肆意地污蔑和抹黑夏淑琴老人。他在所著《南京大屠杀大疑问》中，妄称东京审判时，所引用的夏淑琴家庭遭难的事件根本就是不存在的。他信口雌黄地造谣说：“所谓夏淑琴的经历，也只不过是将东京审判及南京军事法庭上的一些事情归纳之后人为编造出来的，而东京审判及南京军事法庭上的有关证词是以马吉及许传音记忆为基础的。”③ 在这里，松村俊夫实际上也以东拉西扯、胡编乱造的不实之词，及先入为主的所谓逻辑推理，否定了作为重要证人的马吉、许传音对夏淑琴家遭遇劫难之历史事实的记录和叙述。此外，松村俊夫还对夏淑琴在日本参加证言者集会，以自己所亲身经历的家庭劫难，控诉当年侵华日军在南京大屠杀中的残忍暴行而耿耿于

① ［日］东中野修道著，严欣群译：《南京大屠杀的彻底检证》，新华出版社2000年内部发行，第167页。
② ［日］东中野修道著，严欣群译：《南京大屠杀的彻底检证》，新华出版社2000年内部发行，第168页。
③ ［日］松村俊夫著，赵博源等译：《南京大屠杀大疑问》，新华出版社2001年内部发行，第271页。

怀，十分嫉恨，称其是作假证。他污蔑说："似乎变成了幸存者中女英雄的夏淑琴到处进行证言，并不断捏造新的事实。被收录在《南京大屠杀和原子弹爆炸》中的她在日本的演讲记录（原书 14—19 页）便是其中之一。"[①]

当东中野修道、松村俊夫出书，否定南京大屠杀和污蔑大屠杀幸存者的消息传到中国后，立即在中国国内激起强烈反对的声浪，社会各界纷纷谴责其否定南京大屠杀历史的恶劣行径，揭穿其混淆视听、颠倒黑白的伪证假据。许多媒体和爱好和平的人士对日本右翼分子的所作所为十分诧异，早已被远东国际军事法庭审判定案了的南京大屠杀事件，在时隔半个世纪后，竟然有人敢冒天下之大不韪为其翻案？真是狂妄至极！

东中野修道、松村俊夫否定南京大屠杀的两本书，更是引起了侵华日军南京大屠杀遇难同胞纪念馆工作人员，以及南京专家学者和广大市民的高度关注和强烈愤慨。在纪念馆里，收藏并展示着真实反映日军进行南京大屠杀的种种证物：影像资料、档案材料、文物史料、幸存者口述资料等，以及被日军屠杀的遇难同胞的累累白骨，这一切都确凿无疑地反映着南京大屠杀这一历史的真实。除此之外，在南京市区、郊区，还有我遇难同胞被日军大规模屠杀的遗迹与丛葬地，也都是无言的控诉和确凿的铁证。

2000 年 9 月 18 日，九一八事变发生 69 年之际，在侵华日军南京大屠杀遇难同胞纪念馆里，召开了由南京地区史学界专家学者、南京大屠杀幸存者代表参加的批驳两本书的专题座谈会。

作为南京大屠杀幸存者代表的夏淑琴老人应邀参加这次座谈会。之前老人并不知晓日本有右翼分子出书，企图否定南京大屠杀历史这件事。就在这次会上，老人方得知日本有叫东中野修道、松村俊夫的两个人，不但出书否定南京大屠杀，而且还污蔑、诽谤她和李秀英等幸存者是假证人，所叙述的家庭劫难是编造。对此，一向和善、慈祥的老人顿时激动起来，她感到极大的惊骇和强烈的愤慨：怎么在日本能有这样的人物，不顾事实地瞎编，摈弃良心地乱造呢？她和与会者一起，讲事实、列证据，批驳和谴责日本这两人否定南京大屠杀史实的卑劣手法与荒谬结论。

就在这次座谈会上，夏淑琴老人实在按捺不住心头的怒火，愤然表示要状告日本的这两位右翼分子——东中野修道、松村俊夫，以及出版两本书的出版商展转社！绝不让他们的谬论流传，毒害民众，绝不让他们对自己名誉进行侵害，要坚决捍卫自己的名誉权！她的这个表态，得到了与会者的一致赞同和大力支持。

2000 年 9 月 19 日，《人民日报》第四版对这次会议做了及时报道，题为：《历

---

① ［日］松村俊夫著，赵博源等译：《南京大屠杀大疑问》，新华出版社 2001 年内部发行，第 272 页。

史不容歪曲——南京召开座谈会批驳日本右翼反动言论》。报道中说：

> 为纪念“九一八”事变69年，回击日本右翼势力否定南京大屠杀的企图，维护历史史实，今天（指9月18日）上午，南京大屠杀史研究会和侵华日军南京大屠杀遇难同胞纪念馆，联合召开批驳日本东中野修道与松村俊夫诬陷南京大屠杀幸存者夏淑琴专家学者座谈会。幸存者夏淑琴、从事南京大屠杀史研究的专家学者，以及日本自由法曹团部分律师30多人参加了会议。
>
> 东中野修道与松村俊夫均为日本自由历史观会的成员。今年1月22日，东中野修道在大阪国际和平中心召开的反华集会上，做了题为“二十世纪最大的谎言——南京大屠杀的彻底验证”的演讲。8月，他又在长崎集会上散布新的流言蜚语，说“中国宣传南京大屠杀是为美国在广岛、长崎原子弹爆炸的合理性寻找借口”，妄图利用日本人民对原子弹的憎恨，挑起对中国不友好的行为，其反动气焰十分嚣张。松村俊夫则于1998年12月公开出版《南京大屠杀的大疑问》一书。书中采取怀疑一切、否定一切的态度，对南京大屠杀的真实性表示怀疑，并公开指责南京大屠杀幸存者夏淑琴、李秀英等为“假证人”，在日本社会造成了极坏的影响。
>
> ……到会的专家学者们认为，批驳东中野修道与松村俊夫的反动言论，对于打击日本右翼人士的反动气焰、维护南京大屠杀史实和南京大屠杀幸存者的人权及名誉权，将会产生积极的影响。与会学者还对最近日本出版社删除教科书中侵华史实的做法，表示了强烈的愤慨。

会后，为了能够使更多的人了解东中野修道、松村俊夫这两位右翼分子所著两书的内容，清楚他们是如何操弄否定南京大屠杀的拙劣伎俩，如何进行违反事实的虚假逻辑推导，以便有力地批驳他们的歪理邪说，新华出版社于2000年7月、2001年2月先后将东中野修道的《南京大屠杀的彻底检证》、松村俊夫的《南京大屠杀大疑问》两本书翻译成中文，作为内部书籍出版。

随着这两本书的内部出版，其中那些污蔑夏淑琴等幸存者的奇谈怪论与诽谤语言，也使得夏淑琴老人更进一步地了解到：日本这两位右翼分子是如何具体地对自己及其他幸存者进行多端污蔑与恶毒攻击的。于是，她再次下定决心，不惧艰难，一定要用法律的武器，勇敢地向日本右翼分子讨回一个公道，伸张人间正义！

可是，接下来的问题是，此时的夏淑琴已经年过七旬，没有多少文化，而这个捍卫名誉权的官司还涉及跨国诉讼，自己又不懂法律，这如何能够实现维权。经过几番认真考虑，她决定，为避免在中国与日本之间千里迢迢来回奔波，不如先下决心在中国法院起诉，让法律还自己以清白。当然，夏淑琴下决心打这场跨国官司也是不容易的，除以上所述存在的这样或那样的困难外，在内心深处也还有一些顾虑，因为在中国老百姓的观念中，大多有不愿出庭打官司的传统心理，不到万不得已是不会对簿公堂的。可是，她又一想，日本右翼分子对自己如此污蔑，不单单是对自己个人名誉的伤害，对全体大屠杀幸存者的伤害，更是对南京大屠杀中遇难的30万同胞的侮辱；他们的险恶用心就是要通过对我们这些幸存者的诽谤和否定，以彻底推翻南京大屠杀这一惨绝人寰的历史铁案。想到这里，老人的思路清晰了，意志也更加坚定了。她在南京接受媒体采访时，以不可动摇的态度明确表示："我要找最好的律师，告倒污蔑我的松村俊夫、东中野修道，还有那个为他们出书的展转社！"

于是，夏淑琴老人就这样义无反顾地走上了捍卫名誉权的诉讼之路。

2000年12月27日，夏淑琴老人在南京中级人民法院，正式起诉日本东中野修道、松村俊夫和展转社对其名誉侵害。她此举的重要性和意义，侵华日军南京大屠杀遇难同胞纪念馆馆长朱成山有如下评述：

> 这是一个63年前受到日本军国主义的战争加害、63年后又继续受到来自日本右翼分子新的加害的历史老人，运用法律形式，维护自己合法的人身权和名誉权的跨国民事诉讼；是一起维护还是篡改南京大屠杀历史事实的斗争；是一场正义与邪恶的较量；也是一项维护世界和东亚和平、构筑中日友好基础的建设性的举措。[①]

---

① 朱成山著：《为300000冤魂呐喊——朱成山研究南京大屠杀史文集（上）》，新华出版社2001年版，第424页。

第七章　金陵伸正义

当夏淑琴老人决定状告日本右翼分子并开始行动时，先于她已有另一位南京大屠杀幸存者李秀英老人，以侵犯自己的名誉权为由，已经将《南京大屠杀大疑问》一书的作者松村俊夫、该书发行人相泽宏明，以及出版该书的展转社，在日本告上了法庭。

事情是这样的——

松村俊夫在他的《南京大屠杀大疑问》一书中，既否定南京大屠杀的史实，也否定南京大屠杀中的幸存者和受害者，特别是专设节目，对幸存者和受害者中有影响的典型人物加以污蔑和诽谤，其中除对夏淑琴重点攻击外，还把污蔑、诽谤的矛头对准了另一位幸存者和重要见证人李秀英。说什么幸存者李秀英是“假证人”，她“所说的话并非亲身经历”，“作为幸存者的代表，（李秀英等的）‘铁证’中竟有如此多的疑问，是多么的虚假”，并由此推断，“受害者们的所有证词都站不住脚”，“她们是被人利用扮演着那样的角色而已”。①

对松村俊夫的恶毒攻击和肆意污蔑，年已 81 岁的李秀英老人怒不可遏，她一边数着身上被日军刺伤留下的数十处伤疤，一边悲愤地告诉采访者：“你说气人不气人，这简直是睁着眼睛说瞎话！老天有眼，让我九死一生，活了下来。我活着，就是要为南京大屠杀历史佐证。为了讨回公道，我就是要和那些昧着良心说话的日本人打官司！虽然我老了，但不要紧，我死了以后有我的儿子，儿子死了还有孙子，子子孙孙斗争下去，相信总会有一天，历史会做出公正的判决！”②

这事也难怪李秀英老人生气、愤怒。1937 年 12 月，南京城破后凶狠的日军残暴地加害于她，以及她奋起反抗日军暴行的场景依然历历在目：

---

① 见朱成山著：《为 300000 冤魂呐喊——朱成山研究南京大屠杀史文集（下）》，新华出版社 2001 年版，第 156—157 页。

② 见朱成山著：《为 300000 冤魂呐喊——朱成山研究南京大屠杀史文集（下）》，新华出版社 2001 年版，第 157 页。

1937年12月13日下午，日本军队一进城，就开始烧、杀、掠。我丈夫已经逃到乡下避难，我怀有7个月的身孕，就和父亲留在城里未走，躲在五台山一所小学的地下室里。

12月19日上午9点半，来了六七个日本兵，跑到地下室，拉我和其他十多个年轻妇女。我想宁死也不能受辱，急得没有办法，就一头撞在墙上，撞得头破血流，昏倒在地。当我醒来时，日军已经走了。"寻死不如闯祸！"我自幼跟父亲学过一点武术，心想：假如日军再来骚扰，我就跟这群畜生拼了！果然，这天中午，又来了三个日本兵，他们把男人赶走，把两个妇女带到另一间屋子里，准备奸污。这时，一个日军上来解我纽扣，我看到他腰间挂着一把刺刀，就急中生智，决定夺他的刀。我趁机握住刀柄，与日军搏斗。日军见状大惊，赶紧护住刺刀。我夺刀不成，就用牙咬。日军被咬得哇哇直叫。隔壁房间里的两个日军听到喊声，赶紧跑了过来。我一个对付三个，没办法，就紧紧揪住这个日军不放，其他两个日军就用刀在我身上乱戳。突然，一个日军刺中了我挺着的大肚子，我立马失去了知觉，什么也不知道了。

日军走了以后，我父亲以为我已经死了，十分伤心。他找几个邻居在五台山旁挖了一个泥坑，把门板拆下来做担架，准备把我抬出去埋掉。当他们抬出门的时候，由于冷风的刺激，我苏醒过来，哼了一声。父亲听见，赶紧把我送到鼓楼医院抢救。第二天，我流产了。经医生检查，我身上被刺了37刀，嘴唇、鼻子、眼皮都被刺破了。经过7个月医治和休息，我才恢复了健康。[①]

每当讲述这段遭受日军残害的事实，李秀英总是难压痛苦和悲愤。所以，在得悉日本右翼分子如此这般地污蔑她、诽谤她，不由得怒火中烧，她拿出当年与日军搏斗的勇气，坚定有力地说道："我倒要问问这个写书的日本人，他凭什么说我是假证人？我李秀英还没死，我还活着！这官司我一定要打赢！"

于是，在1999年9月17日，李秀英老人以侵犯名誉权为由，由日本东京律师渡边春己等义务代理，就日本右翼作者松村俊夫及日本出版社展转社、发行人相泽宏明侵害名誉权案，向日本东京地方法院提出诉讼，要求被告在《朝日新闻》等日本主流媒体上发表赔罪声明，公开道歉，并赔偿名誉权损失1000万日元（合人民币80万元）。经过漫长的八轮辩论后，2002年5月10日，东京地方法院认定了侵权事实，判处松

① 见朱成山著：《为300000冤魂呐喊——朱成山研究南京大屠杀史文集（下）》，新华出版社2001年版，第157—158页。

村俊夫等被告向李秀英赔偿名誉权损失150万日元（约合人民币12万元）。但对原告提出的公开道歉这一诉讼请求未予支持。双方均对判决不满，同时提出上诉。随后二审维持原判，松村俊夫等不服，又上诉至日本最高法院。2005年1月20日日本最高法院终审判决李秀英胜诉。谁知一个多月前，李秀英老人因病情加重，未能等到最终判决，便于2004年12月4日抱憾逝去。

就在李秀英病重期间，夏淑琴到鼓楼医院看望了这位与她曾共遭劫难，现又向污蔑她们的日本右翼分子奋起抗争、讨要说法的“老姐姐”。

那是2004年8月17日下午，得知同为幸存者、见证人的李秀英病重住院，夏淑琴急匆匆地赶到医院病房看望李秀英。在问候之际，两位正拿起法律武器捍卫名誉权的老人，态度坚定地一致表示：“只要还有一口气，就要与否认南京大屠杀的日本右翼分子斗争到底！”

《南京日报》记者殷学兵记录了她们老姐妹俩最后相见的难忘时光：

“老姐姐，我看你来了……”昨天下午，在宁状告日本两右翼作者的侵华日军南京大屠杀幸存者夏淑琴，来到鼓楼医院，看望病中的另一幸存者李秀英。两位老人互道珍重，表示只要还有一口气，就要与否认南京大屠杀的人斗争到底。

时年75岁的夏淑琴和86岁的李秀英，都是侵华日军南京大屠杀的幸存者。在同否认侵华日军南京大屠杀历史的人的斗争中，两位老人并肩作战，是一对共患难的好姐妹。上月26日李秀英在家里摔了一跤，骨折后患肢错位，引发原有的心脏早搏、脑梗塞、肺炎等多种慢性疾病，生命垂危。经医院全力抢救，现已转危为安。

夏淑琴老人耳朵不好，又因当年日军杀害家人后悲伤过度落下严重眼疾，她平时很少看报纸、看电视、听收音机。李秀英老人病重住院的消息经媒体报道后，夏淑琴一直蒙在鼓里。昨天中午，她从女儿口中得知李秀英的病情后，非常着急，拉着女儿的手，就要往医院赶。在女儿再三劝说下，才同意午饭后再去。下午，夏淑琴在家人的陪同下来到鼓楼医院。看到躺在病床上的李秀英，她摆脱家人搀扶的手，三步并两步，边走边说：“老姐姐，我才知道你住院，我看你来了。”走到病床边，她立即俯下身，将脸贴近李秀英的脸，“姐姐，你没事吧？可把我吓坏了……”说着，夏淑琴老人流下了眼泪。看到夏淑琴抹泪，躺在病床上不能起来的李秀英断断续续地安慰说：“我，我没事。你要保重，我还要跟你一起战斗……”因为李秀英身体还很虚弱，几分钟后，在医生建议下，夏淑琴不再与李秀英说话，只是默不作声地坐在病床边，一遍又一遍地替李秀英掖着被子。半小时后，夏淑琴对李秀英说了声“早日康复”，离开了医院。[①]

然而，夏淑琴老人怎么也没有料到，这次与李秀英老姐姐在医院相见，竟成了两人的永远分别。为了缅怀和纪念这位令人尊敬的老人，也是为了留住历史的记忆，南京市民在李秀英的墓地旁矗立起一座半身铜像，她凝目远望，似乎还在诉说着当年日军在南京的大屠杀暴行，似乎还在呼唤着人间的正义与珍贵的和平！

1999年9月16日上午，夏淑琴（右二）、李秀英（右三）参加“南京专家学者声援李秀英东京诉讼座谈会”

1999年9月16日上午，李秀英（右二）、夏淑琴（右一）和沈文俊在纪念馆悼念广场合影

李秀英带着遗憾离世了。但她的离世更加激励夏淑琴，要拿起法律武器，不畏困难，坚决打赢捍卫名誉权的诉讼官司，一定要让法律还自己以清白，绝不能让那些否定南京大屠杀史实的右翼分子的企图得逞！

夏淑琴老人要打赢这场捍卫名誉权的跨国官司，其艰难程度注定超乎人们想象，其诉讼之路注定曲折而漫长。

由于夏淑琴案涉及南京大屠杀这一震惊中外的特大历史事件，涉及几十年前远东国际军事法庭对日本战犯的审判，还关联着站立在被告后面的日本右翼分子群体，加之原告与被告又分属中国和日本两个不同国家，而两国的法律制度、体系、程序又有所不同。所以，夏淑琴案从起诉开始，就将是一个充满悬念、跌宕起伏的持久战。

但这场官司，显然不是夏淑琴一个人在孤立无援地战斗，她捍卫的，从表面上看虽是个人的名誉权，实际上是在捍卫南京大屠杀的历史真相，捍卫国际社会的公平正义。所以，她的身后，有着中华人民共和国这一强大的后盾，有着十几亿中国人民山呼海啸般呼唤正义的力量，有着包括日本友好人士在内的世界人民反对战争、珍爱和

---

① 《南京日报》，2004年8月18日。

平的良善民意。

因此，夏淑琴捍卫名誉权案，一定能够胜利！

之后，夏淑琴案的发展演进，大体上就按照人们预测的那样，一幕一幕地徐徐展开——

当夏淑琴老人要状告日本右翼分子的消息传开后，在中国社会各界立即引发反响，并且立刻得到中国人权发展基金会和中华全国律师协会的坚决支持。

2000 年 11 月 27 日，是夏淑琴老人诉讼案中的一个特别日子。

这一天，夏淑琴老人在谈臻、吴明秀律师，以及侵华日军南京大屠杀遇难同胞纪念馆馆长朱成山等人的陪同下，一起飞到北京，出席 28 日由中国人权发展基金会、中华全国律师协会、侵华日军南京大屠杀遇难同胞纪念馆、南京法德律师事务所共同举办的新闻发布会。

在飞机上，夏淑琴老人看着舷窗外时卷时舒的朵朵白云，心情难以平静：想不到自己已年过七旬，还要走上法庭，状告日本的右翼分子侵犯自己的名誉权；但这场官司不得不打，谁要这些右翼分子污蔑和诽谤自己，以及更多的南京大屠杀幸存者呢！

11 月 28 日，中国人权发展基金会在北京召开新闻发布会，会议由该基金会副会长兼秘书长林伯承主持。为支持夏淑琴老人依法维护自己的名誉权，会议成立了以中国著名哲学家、历史学家、宗教学家任继愈为团长、中华全国律师协会会长高宗泽为法律顾问、北京市老领导白介夫为抗战史顾问的夏淑琴案诉讼援助团。

这个诉讼援助团，是一个高规格、高水平的援助团。

夏淑琴案诉讼援助团团长、国家图书馆馆长任继愈

团长任继愈，时年已 84 岁，为国家图书馆馆长，是学术界的代表。历任北京大学教授、中国社科院研究生院博士生导师、中国哲学史学会会长等职。曾当选全国人大第四届至八届代表。

法律顾问高宗泽，时年已逾 60，是第四届、第五届中华全国律师协会会长，最高人民法院特邀咨询员，国际律师联盟副主席。曾在多家国际知名仲裁机构担任仲裁员；参与数十个国家重大项目的谈判、合同起草和修改，代理参加数十个重大诉讼、仲裁案件。已具有数十年的律师工作经验。

抗战史顾问白介夫，抗战中入延安中国人民抗日军政大学学习。新中国成立后，曾任中共北京市委常委、北京市常务副市长、北京市政协主席、北京中国抗日战争史研究会第一届、第二届理事会会长。曾支持、推动全面反映中国人民抗日战争的中国人民抗日战争纪念馆建设和落成。

诉讼援助团还有5位副团长，他们是：肖平（中国人权发展基金会副会长）、王彦峰、林伯承（中国人权发展基金会副会长兼秘书长）、于宁（中华全国律师协会副会长）、朱成山（侵华日军南京大屠杀遇难同胞纪念馆馆长）。

在新闻发布会上，诉讼援助团团长任继愈代表中国人权发展基金会，发表了支持夏淑琴依法维护名誉权的重要讲话。他在讲话中说：

> 再过两个星期，就是震惊中外、惨绝人寰的侵华日军南京大屠杀遇难同胞纪念日63周年。今天，我们在此召开新闻发布会，郑重宣布：中国人权发展基金会发起并组成诉讼援助团，支持这一惨案的幸存者夏淑琴女士，在我国依法起诉侵犯其名誉权的日本右翼人士东中野修道、松村俊夫和为其出书的展转社。夏女士来京前已委托律师在南京市中级人民法院向三被告提起诉讼。
>
> 众所周知，中华民族素来崇尚博爱，尊重人权，爱好和平。蒙受过巨大战争创伤的中国人民始终本着“前事不忘，后事之师”“以史为鉴，面向未来”的精神，正确对待历史问题，严格将发动侵略战争的法西斯军国主义者与同样蒙受过战争创伤的日本人民区分开来，努力增进和发展来之不移的中日友谊。但是自二战结束以来，日本国内极少数右翼分子不断兴风作浪、制造事端，否定侵略罪行，诬陷历史证人，甚至公然叫嚣南京大屠杀是“二十世纪最大的谎言”，造成了极其恶劣的国际影响，激起了包括南京市人民在内的全中国人民的强烈愤慨。
>
> 夏淑琴女士作为南京大屠杀的重要历史见证人，在古稀之年被迫诉诸法律，澄清历史真相，维护自身人权，这是令人悲愤更令人敬佩的义举。
>
> 维护史实，捍卫人权，警示后人，促进世世代代中日友好，是中国人权发展基金会义不容辞的重要责任和义务，也是我们组成诉讼援助团，支持夏淑琴依法维护名誉权的根本出发点，这不仅是南京市民和全中国人民的愿望和心声，也是日本有识之士和珍惜中日友好的日本人民的愿望和心声。
>
> 对于极少数日本右翼分子歪曲真相、混淆视听的挑衅行径，最好的回敬方式就是依法正本清源，还历史本来面目。我们相信，我国法院一定会以史实为据，以法律为准绳，对这一不同寻常的案件作出庄严而公正的裁决。
>
> 我诚恳地希望关注此案的各位中外新闻界的朋友们，本着对历史负责、对未来负责的审慎态度，客观、公正、实事求是地报道这一诉讼案及其涉及的重大历史问题。

任继愈团长的讲话，不时激起与会者给予支持的阵阵掌声。

之后，是南京大屠杀幸存者夏淑琴发言。作为此案的主角、原告，她清晰地讲述了63年前自己一家7口人遭受日军残杀的史实，以及自己和妹妹极为艰难地活下来的情况；称这样确定的事实，如今竟有日本右翼分子进行无端的质疑和昧着良心的否定，自己真的非常愤怒。所以一定要状告他们，还自己以公道，伸张人间的正义。她说："我已下定决心，一定要将这个维权官司打到底！打到哪里我都不怕！"

接着，朱成山馆长作了发言，明确表示馆里馆外有很多的证人证言及历史档案、文献等材料，都无可辩驳地证实了夏淑琴一家7口人遇难，其中还包括夏淑琴的母亲及姐姐被强奸、凌辱的确凿事实；现日本右翼分子妄图否定南京大屠杀的史实，并怀疑以至否定幸存者夏淑琴的存在，并对其肆意进行污蔑和诽谤，可谓丧心病狂、用心险恶之极！我们纪念馆坚决支持夏淑琴老人运用法律武器，控告日本右翼分子的侵权行为，捍卫自己的名誉权，同时也将提供确证无误的各种系统性的证据、材料，供法庭参考采用。

再后，中华全国律师协会副会长于宁发言，坚定表示全国律协坚决支持、协助大屠杀幸存者夏淑琴，起诉日本右翼分子侵犯名誉权官司；我们不但要打这场官司，而且一定要打赢，绝不让日本右翼分子否定南京大屠杀的图谋得逞，也绝不让日本右翼分子造谣诽谤夏淑琴及其他幸存者的阴谋得逞！

最后，夏淑琴案的辩护律师、南京法德律师事务所主任谈臻做了发言，他首先介绍夏淑琴老人不久前来所里要求打官司维权的情况。他说："今年11月9日下午，夏淑琴老人来到我们南京法德律师事务所，要求聘请律师为其讨回公道，帮助她起诉两名诽谤她是假冒的南京大屠杀幸存者的日本作者。"随之，老人家向律师陈述了1937年12月13日这天在她家里所发生的悲惨事件，以及她和4岁小妹妹侥幸存活与后来的生活境况。

谈臻接着说：夏淑琴老人之前获悉有两位日本人叫东中野修道和松村俊夫，分别写了《南京大屠杀的彻底检证》《南京大屠杀大疑问》。"该书中有全盘否定她是南京大屠杀幸存者的文字记录，还肆意污蔑她是故意编造事实，欺世盗名的人，说她1994年8月去日本发表证词是让人吃惊的事情。夏淑琴老人对这两位作者故意歪曲、篡改历史的恶劣行径十分气愤，蒙受了极大的精神痛苦，平静的晚年生活受到破坏。因此，她坚决要求律师能从法律上帮她讨回公道，伸张正义。""我们对夏淑琴老人陈述的事实和提出的要求十分重视，立即组织从事民事、国际法业务的律师进行研究，同意接受夏淑琴老人的委托，并着手进行相关证据的收集和调查。""我们认为，夏淑琴老人作为南京大屠杀的幸存者这是不争的事实，有大量的历史资料、文献、证人证言为证。东中野修道和松村俊夫别有用心地加以否定，是对夏淑琴老人的一种新的加害，是对夏淑琴老人名誉权和人格尊严的严重侵害。夏淑琴老人希望通过法律手段来为自己讨回公道、恢复名誉，这一要求是合情、合理、合法的。”

谈臻还解释了夏淑琴在南京提起侵权诉讼的法律依据，称，“根据《中华人民共和国诉讼法》第237条、29条之规定，中国公民对外国人和外国机构提起侵权诉讼时，由侵权行为地法院管辖。而根据我国最高人民法院《关于审理名誉权案件若干问题的解答》第四条之规定，‘侵权行为地包括侵权行为实施地和侵权结果发生地’。东中野修道和松村俊夫所写的这两本书已经流传到我国，新闻媒体也进行过报道，已造成了广泛的社会影响，尤其是在南京地区已经发生了侵权结果。因此，我们认为夏淑琴老人提起名誉权侵害一案完全可以向其住所地的法院提起诉讼。同时，我们还认为，根据我国最高人民法院《关于审理名誉权案件若干问题的解答》第六条之规定的精神，出版上述两本书的日本展转社构成共同侵权，应当与两被告承担连带责任。我们的这一建议得到了夏淑琴老人的同意”“目前，我们最终形成了两份民事诉讼状。一份是夏淑琴起诉被告东中野修道、日本展转社；另一份是夏淑琴起诉被告松村俊夫、日本展转社”。

谈臻发言后，发布会现场举行了答记者问。

诉讼援助团的强大阵容和声势，引起了国内外舆论的高度关注。在新闻发布会上，包括新华社、中央电视台、人民日报，日本朝日新闻、产经新闻、东京电视台等海内外重要媒体在内的50多家新闻媒体，对诉讼援助团成员、代理律师，以及馆长朱成山、原告夏淑琴等，进行了现场采访。

诉讼援助团告知媒体，中华全国律师协会已经指派了南京法德（后于2002年与永衡律所合并，并更名为法德永衡律师事务所）、北京天达两家律师事务所，接受夏淑琴老人的委托，由执业已经超过20年的优秀律师谈臻、顾永忠（后由李大进律师接替），向南京市中级人民法院递交了对日本国民松村俊夫、东中野修道和日本展转社的起诉书。其诉讼请求为：“判令两被告立即停止侵害行为；判令两被告为原告恢复名誉、消除影响；判令两被告在中日两国主要报纸上向原告赔礼

2000年11月28日，中国人权发展基金会在北京召开“支持南京大屠杀幸存者夏淑琴依法维护名誉权新闻发布会”

2010 年 8 月 29 日，中央电视台新闻中心系列节目《反法西斯胜利 65 周年》来纪念馆拍摄和采访南京大屠杀幸存者夏淑琴

2000 年 11 月 28 日，朱成山馆长（前二）、夏淑琴老人（前四）、谈臻律师（前六）等在北京参加“中国人权发展基金会支持南京大屠杀幸存者夏淑琴依法维护名誉权”新闻发布会

道歉；判令两被告各赔偿原告人民币 80 万元；判令两被告承担诉讼费用。”

夏淑琴老人接受媒体采访，再次以亲身遭遇的劫难讲述当年日本兵怎样杀害她家 7 口人的历史事实，然后又痛斥日本右翼分子对她的造谣和污蔑，并激动地告诉媒体：“日本兵的枪有多长，戴的什么帽子，杀人时怎样狞笑我都还记得。我们遭受了那样大的痛苦，他们居然说南京大屠杀是假的，我这个证人是假的，这真是胡说八道！”

代理律师谈臻就夏淑琴案向媒体再做解释：作为名誉权侵权案件，依照中华人民共和国《民事诉讼法》有关规定及最高人民法院对此的司法解释，南京可依法视为东中野修道、松村俊夫对夏淑琴名誉的“侵权结果地”，可以适用中国法院管辖。“同时，老人的经济并不宽裕，在日本付不起跨国诉讼的巨额费用；也不能期待日本司法部门对这一案件作出公正判决。我认为，夏淑琴名誉权侵权案，在国际司法界开创了一个很好的先例。”他还进一步解释说，由于中国和日本司法部门目前尚无司法协作，请日本司法部门移送起诉书副本的渠道还不通畅。但起诉书可以通过外交途径送达。他还说，我们希望被告应诉，如果被告不应诉，中国司法部门完全可以缺席判决；至于判决后的执行问题，均可以通过努力来实现。①

此次新闻发布会现场，激发起正义在我、诉讼必胜的勇气和斗志，成为捍卫南京大屠杀幸存者的名誉权、捍卫南京大屠杀的历史真相、呼唤世界永久和平的宣传大会、进军大会、誓师大会！

夏淑琴老人这一捍卫正义的勇敢举动，不仅在中国国内得到社会各界的广泛支持，同时也得到了日本爱好和平友好人士的积极支持和纷纷声援。

---

① 参见《南京大屠杀幸存者为维护名誉权起诉日本右翼分子》，《北京晨报》2000 年 11 月 29 日。

2001年4月21日，日本“南京大屠杀60周年全国联络会”的共同代表松冈环、由木荣司、林伯耀，给夏淑琴案诉讼援助团发来《声援书》，首先就申明“我们对这场诉讼表示衷心的支持和声援”；接着指出日本一些人，“对遭受无尽苦难的幸存者夏淑琴毫无羞耻地说她是‘假证人’，这是对历史事实和对历史见证人的亵渎，是要改窜历史”。随后指称东中野修道在其所著《彻底检证》一书中，污蔑“八岁的少女，不是夏淑琴而是别人”；松村俊夫在其所著《大疑问》一书中，认为夏淑琴的证言是“后来人为她做出来的”。他们二人如此“否定夏淑琴的身份，进行名誉毁坏，再次给她带来强烈的精神痛苦”。末了还强烈表示：“我们绝不能允许这样的胡说八道，只有尊重历史的事实，维护受害者的人权，使后代吸取教训，才是日中两国友好的基础。”“我们将在日本广泛宣传夏淑琴的诉讼斗争的意义，并将此活动推进。”

南京大屠杀幸存者夏淑琴要状告日本右翼分子，捍卫自己的名誉权，这件事通过新闻媒体的深度报道，以及各种研讨会、座谈会上与会专家、学者们的支持与推动，迅速成为社会舆论的一个热点，并为更多的人所知晓和声援。

与此同时，南京市中级人民法院也适时启动法律程序，立案庭接受了夏淑琴律师团成员递交的《民事起诉状》。由于这是中国法庭第一次在中国国内起诉外国公民，尽管当时在舆论界已形成声援夏淑琴案的热烈氛围，尽管法务工作者也同情和支持夏淑琴为维护名誉权而起诉日本右翼分子，但出于职业原因和应做到于法有据，立案庭的工作人员对此依然十分慎重，并未立即答复是否受理此案，只是口头告知递交诉状的夏淑琴律师团成员，称这是一起跨国诉讼维权案，对管辖问题需要做认真研究，请回去等待答复。

律师团成员得到法院立案庭答复以后，就将此情况告诉了夏淑琴老人，并解释说：这起案件不仅仅是一个单纯的司法管辖问题，因原告和被告分属两个国家，而且还牵扯到重大历史问题和许多现实问题，所以是否立案还需要耐心等待，希望老人家能有个思想准备。但我们相信法院一定会认真对待立案问题，也一定会依法公正办理。

起初，律师团成员还担心正处于立案期盼中的夏淑琴老人一时难以接受，但出乎意料的是，老人家很通情达理，对于法院的解释表示理解和尊重。她清楚地知道，自己的这个案子很特殊，据说在中国还是第一次，现在法院慎重考虑立案问题，当然是必要的了。

自从夏淑琴老人要打维权官司的消息被新闻媒体广泛报道后，她一下子成了新闻人物。本来在比较长的一段时期内，一些日本右翼分子变换花样，通过各种卑劣方式，又是修改教科书，又是参拜靖国神社，妄图为当年发动侵华战争的日本军国主义招魂，妄图为侵华日军在南京的大屠杀暴行翻案，这已激起中国人民对此类右翼分子的强烈反对和正义声讨；现在当年遭受劫难的夏淑琴老人已年过七旬，竟能毅然决然地挺身而出，将日本右翼分子告上法庭，这自然代表了大家的心声，引起众人的共鸣。所以，此事传开后，不断地有新闻媒体采访她，而她都热情地接受采访，虽然提起悲惨的往事，她的内心总是隐隐作痛。同时，老人家的一些熟人、街坊邻居出于关心，也不时地关切询问案件的进展。老人家也都不厌其烦地一一回答，将实际情况告诉他们。

总之，不管需要等待多长时间，不管外面或有什么传言，夏淑琴老人信念坚定，相信中国的法院一定会对她负责，对她的案件一定会有一个公正的说法！

当然，夏淑琴老人虽然对法院是否立案表示了理解，但她的内心也还是有些忐忑和焦虑，最终能否顺利立案，还真有点把握不准，万一最后未能如愿立案，那我这维权路子还怎么走下去？

日月交替，紫金山的桂花树花儿开了又谢，谢了再开；四季轮回，中山道旁的梧桐树叶儿绿了又黄，黄了再绿。

经过三年的等待，2004年4月21日，夏淑琴老人终于等到了法院的开庭审理通知，她的心情一下子轻松开来。南京市中级人民法院指定南京市玄武区人民法院审理此案，并通过外交途径将起诉书送达了在日本的三名被告。在送达的法律文书中，中国法院通知日本被告庭前交换证据的时间为2004年9月15日，开庭时间为2004年11月23日、25日。

从法院确定审理此案到开庭，仅有几个月的时间。虽说夏淑琴案已有许多确凿的证据材料，但要整理成清晰规范的提交法庭的系统证据材料，而且还不能有错漏，这需要做许多工作。因此，在这段时间里，代理夏淑琴案的律师们，深感责任重大。他们知道，作为此案的代理律师，不但要对原告夏淑琴负责，确实捍卫她的名誉权，也要对历史负责，通过对此个案的审理，更加夯实南京大屠杀这一历史史实的基础。因此，他们不辞辛苦地四处奔走，查阅档案资料，进行大量的取证工作，为不久后开庭做好充分准备。

当然，为了打赢这场维权官司，侵华日军南京大屠杀遇难同胞纪念馆负有义不容辞的责任。在纪念馆里，既保存有大量直接有关夏淑琴及其他幸存者曾遭劫难的诸多资料，也保存有大量侵华日军南京大屠杀的其他各种历史资料。所有这些，都能为夏淑琴案提供大量直接或间接的有利证据。但这些资料，也需要整理、选择，以便将最有力、最典型、最不容辩驳的证据材料提供给法庭。因此，侵华日军南京大屠杀遇难同胞纪念馆馆长、南京大屠杀史研究专家朱成山，通过对夏淑琴案有关资料的再行整理与研究，最后撰写成一份数千字的《关于“夏淑琴案”的意见书》，于2004年11月提交给法庭。这份意见书，不仅全面系统、又重点突出地陈述了幸存者夏淑琴这一人物真实性存在的事实依据，而且对夏淑琴案的本质予以有条有理的深刻分析。这份对法院审理此案有着重要特殊意义的意见书，同时也表达了纪念馆保留起诉松村俊夫、东中野修道对该馆名誉权侵害的严正立场。

在这份《意见书》中，介绍了现年76岁的夏淑琴老人，是位身背侵华日军给她留下3处刀疤和心灵创伤，艰难生活半个多世纪的老人，“是南京大屠杀众多的幸存者和受害者中最具代表性的历史活证人，是一位特殊的历史受害者”，而她一家的遭遇也正是“南京大屠杀中的典型代表”；当时住在城南新路口5号的夏家，其7人遇害的时间、地点、姓名、基本情节，以及夏淑琴（8岁）及其妹妹（4岁）之幸存与被发现和收留等，都是确切无误的史实。同时该院内房东哈家4人遇害也是无可怀疑的史实。

《意见书》指出：“诸多的中外证人均可为夏淑琴作证”。其中美国约翰·马吉牧师等人曾前往新路口5号查看，并在日军行凶施暴现场作了“摄影记录”；之后“还将这一情况向留在南京的外籍人士做了通报，德国人约翰·拉贝的日记以及《南京安全区档案》等材料中均有记载，这些资料理应是客观的过得硬的第一手证词”。具体有如下几例：

拉贝在1938年1月29日的日记中写道：“马吉发现了两名小女孩，一个4岁，一个8岁，她们的家人(共11口)全部遇害，她俩在一间屋子里待了14天，直到被邻居救出。”

马吉牧师也在1938年1月30日致妻子的信函中记述道：“日本兵来到城东南的一座房子，那里共有13人，除了一名8岁和一名3或4岁的小女孩外，全被日本兵杀死……类似的案例我听说过4起。”

《南京安全区档案》(第219件)：马吉先生说，城南有一户人家，共计13口人。1月13日(或14日)日本兵将11人杀死，妇女被强奸，2个孩子保全了性命。

罗森在1938年2月1日给德国外交部的报告中称：有一个13口之家几乎被杀死，幸存的2名儿童被邻居收养，拉贝先生从邻居那里把他们领走了。这两个孩子在其母亲尸体旁待了14天。

对以上多种历史资料的记述，《意见书》分析说，夏淑琴家及院内哈家亲人遇害的史实，“基本是一致的，但马吉毕竟是外国人，加上战时的条件有限，把院内住的夏、哈两家人当作一家人，实际上，夏家遇难的有7人，加上房主哈家遇难的4人，两家遇难者共计11人”。后马吉通过更宽泛的调查（包括拍摄了受伤女孩即夏淑琴的伤痕），以及进一步的了解与材料比对，在此基础上，他在电影解说词中“对他于1938年1月的提法作了一些修正，并且记述夏家和哈家受害的具体细节。所以，其资料价值更具客观性”。

《意见书》指出：“为夏淑琴作证的，除了外籍人士的资料外，还有中国的档案资料。1946年，南京军事法庭审判日本战犯期间，曾经调查大屠杀期间的遇难者，夏淑琴的亲属夏小六子、夏聂氏、夏淑芬、夏淑兰、聂佑（抄录的笔误，应为“佐”）成、聂陈（应为周）氏，均名列其中[①]。夏淑琴家的房东哈马氏在1945年11月致南京市政府呈文中，除了记述家人遇难情况外，也提到夏家的遇害情况（《侵华日军南京大屠杀档案》，第200页）”，并称哈家现仍然有人健在。据哈家遇害的男主人哈国栋之侄哈梦鹤回忆，南京沦陷前，已9岁的他为了躲避日军飞机的轰炸，随家人外出逃难；途中得知说他的家里死了很多人，随即于12月20号回新路口5号查看，即发现他家4口人，夏淑琴家7口人，都被日军残忍地杀害了，其中夏家遇害的女的还有被奸淫后又遭凌辱的悲惨景象；另外还有两个不认识的人也死在院内，他们可能是从外面躲到院内避难，后来也被日本兵发现并打死了。

《意见书》还说明：夏淑琴为历史作证的活动并非自近些年开始，而是“已经持续了50多年时间”。早在“20世纪五六十年代，夏淑琴曾作为受害者代表，参加住地街道组织的‘忆苦’（回忆苦难生活）活动，多次在群众集会上，讲述自己亲身遭受日军伤害的苦难史。1984年，南京市对全市南京大屠杀幸存者进行调查，夏淑琴与她的舅妈王芝如讲述了家庭的苦难历史。20世纪80年代后，夏淑琴经常给青少年们、日本友人讲述历史”。之后，夏淑琴为南京大屠杀历史作证的活动更加频繁。其中在“1994年8月，我有幸陪同夏淑琴赴日本作证。夏是东京法庭之后第一位赴日本作证的南京大屠杀幸存者。2002年12月，她再次应邀赴日本作证。她还多次参加了悼念南京大屠杀遇难同胞仪式、纪念抗日战争胜利50周年、纪念南京大屠杀遇难同胞遇难60周年等一系列活动。通过国内外媒体对这些活动的广泛报道，夏淑琴在中国知名度很高，成了家喻户晓的南京大屠杀见证人”。

《意见书》通过对历史资料的列举及对诸多方面证言的综合分析，充分地证明夏淑琴一家7口人遇害，以及夏淑琴姐妹俩侥幸躲过劫难而幸存下来的史实，是确证无疑的，这也是任凭日本右翼分子如何诋毁也改变不了的客观存在。

接着，《意见书》深刻论证了夏淑琴诉讼案的实质，“是肯定还是否定南京大屠杀史的较量”，认为“1937年12月13日至1938年1月，侵华日军在侵占当时的中国首都南京后，制造了南京大屠杀的特大惨案”。指出，“战后，虽然远东国际军事法庭和中国审判战犯南京军事法庭，均对南京大屠杀案进行专案审理，作出庄严的历

---

① 此处所记为6人，未将被日军杀害的夏淑琴的大姐夏淑芳名列在内。

史判决。作为加害者的日本人，理应诚挚地反省历史，吸取教训，以真诚的谢罪和惭愧来换取受害者们的谅解。但是，松村俊夫、东中野修道等日本人以‘怀疑一切’的眼光，用刁钻蛮横的手法进行罗列拼凑，不仅对所有南京大屠杀幸存者和受害者的证言予以恶毒攻击和公然否定，挑起所谓的‘历史争论’，企图全盘否定侵华日军南京大屠杀的历史。”“尤其令人不能容忍的是松村在书中，指名道姓地诬陷南京大屠杀幸存者夏淑琴、李秀英是‘假设证人’，她们‘所说的话并非亲身经历’，把否定受害者证人证据的矛头直指夏淑琴。”

那么，松村俊夫、东中野修道为何要选择夏淑琴作为攻击的主要目标之一呢？对此，《意见书》分析说：

第一，“夏淑琴具有典型性”，她“作为南京大屠杀幸存的证人，在中国乃至日本等国具有广泛的影响，如果连夏淑琴也可以说成是‘假的’，可以‘怀疑’和‘否定’的话，那么，对所有南京大屠杀的受害者证词、对南京大屠杀历史的‘怀疑’和‘否定’”，就是顺理成章的事情。

第二，“吹毛求疵，企图以枝节问题否定事实本身”。由于马吉是外国人，他对中国百姓的生活状况并不是十分了解，其最初对新路口 5 号院内发生的惨案细节表述，是有某些不准确之处，但后来已根据事实“作了更正”，这并没有什么可值得怀疑的地方。此外，还有其他一些细节问题，也证明这松村俊夫是在搅浑水和妄加推测。另外，“在长达 60 多年时间里，许许多多中外记者、作家、研究者等各类中外人士，对夏淑琴进行多次采访和报道，由于翻译不准、习惯不同及表达方式不统一等种种原因，表面上看，一些记载确有不准确之处。但是，这些并不是问题的实质所在，实质是当年侵华日军在新路口 5 号院内制造屠杀老人、妇女和儿童，特别是强奸轮奸妇女并虐杀她们的罪孽，夏淑琴是这场灾难中事实上的受害者之一。并且现在的夏淑琴就是当年受害的夏淑琴”。

第三，“意在否定南京大屠杀历史”。松村俊夫、东中野修道在他们的书中说什么：“要重新审视以南京事件为象征的历史认识论”“仅仅限于南京之战并将其定为‘屠杀’只能让人想到那是抱有什么意图”“所谓南京事件，不过是作为军队行动的枪杀二三百人而已”，并且“那也是为了排除中国人和中国军队的抵抗”等，肆意否定南京大屠杀的历史。甚至还诬称“当年在南京的‘掠夺、强奸、放火不是日本军所为，而是中国人干的’”。

《意见书》在摆出事实、列举证据、剖析实质后，最后郑重申明：松村俊夫、东中野修道和展耘社（中文译名展转社，下同）“必须承担对夏淑琴二度加害的责任”。理由如下：

其一，松村俊夫、东中野修道和展耘社“在主观上犯有否定真实历史的动机，客观上造成了对幸存者夏淑琴新的加害。无论是从书名、前言和后记上看，还是从书中表达的主要内容来看，松村俊夫、东中野修道在其书中列举所谓‘疑问’的目的，旨在否定南京大屠杀的历史”，“从客观上看，松村俊夫仅靠文字的罗列和种种猜测，武断轻率地认为夏淑琴是南京大屠杀的假证人，造成了对夏淑琴名誉和心理上的侵害，干扰和破坏了老人晚年的生活，在其旧伤上又增添新的伤害，使其心灵上受到了嘲弄及折磨，这无疑是一种加害的行为”。

其二，“松村俊夫、东中野修道和展耘社对历史老人横加指责天理难容。随着时间的推移，虽然从皮肤表层上看夏淑琴似乎刀伤早已痊愈，但儿时精神上和心灵上的巨大创伤难以平复。更为主要的是，当听到松村俊夫对其横加指责的消息后，老人更加愤愤不平，激起了她对60多年前此段受害经历的切肤之痛。她说：‘日本军人跑到南京来杀人放火，我一家被杀了7口人。但是，我等了60多年了，日本人不道歉，不赔偿，还说我是假的受害者，是‘假证人’，我讲自己受害的经过，却变成了破坏日本的名誉，这种颠倒是非提法，应该遭到天打雷轰。’”

其三，“松村俊夫、东中野修道和展耘社加害的不仅仅是夏淑琴。为了达到彻底否定南京大屠杀历史的目的，松村俊夫、东中野修道书中无中生有，凭主观臆造、推论加怀疑的东西很多，漏洞百出。除了对南京大屠杀幸存者夏淑琴、李秀英无端伤害外，也直接伤害了侵华日军南京大屠杀遇难同胞纪念馆的声誉，本馆保留起诉松村俊夫、东中野修道名誉侵害的权利。”

基于以上理由，“松村俊夫、东中野修道所谓的南京大屠杀大疑问，其恶劣影响和后果已经远远超出对南京大屠杀幸存者夏淑琴老人新的加害，构成对受害的中国人民感情的新的加害，也构成了对中日两国人民面向未来建立长期和平友好事业的新的加害，我们绝不能听之任之，任其污水泛滥。”①

朱成山所撰的这份提交给南京市玄武区人民法院的《意见书》，叙述清晰，资料翔实，立论有据，证据确凿，逻辑性强，为法院审理夏淑琴案提供了重要参考。

2004年9月15日、11月23日，玄武区法院两次开庭，先后对这两起名誉侵权案进行证据交换和审理。夏淑琴两次均到庭，接受有关问询，但涉案的三被告东中野修道、松村俊夫及展转社，作为对夏淑琴名誉侵权的主体，始终未出庭应诉。事情就是如此，东中野修道、松村俊夫不是在他们所著的两本书中，信誓旦旦地指证夏淑

① 参见朱成山著：《为未来讴歌——朱成山研究和平学文集（上册）》，新华出版社2009年版，第251—259页。

琴是假证人吗？不是号称自己有多少个大疑问可证实夏淑琴是在编造遭受劫难的故事吗？可为什么不敢来南京法庭上当面对质幸存者夏淑琴呢？为什么不敢来法庭拿出他们号称有很多的证据做证据交换呢？真是做贼者心虚、造谣者胆怯！相反，夏淑琴老人则堂堂正正地端坐在法庭原告席上，泰然自若回答法官问询，并清晰准确地表述有关事实。

2004年9月15日，南京大屠杀幸存者夏淑琴（右）与谈臻律师（中）在南京市玄武区法院诉日本松村俊夫、东中野修道、展转社名誉损害案第一次开庭现场

2004年11月23日，南京大屠杀幸存者夏淑琴（右）与谈臻律师（中）在南京市玄武区法院诉日本松村俊夫、东中野修道、展转社名誉损害案第二次开庭现场

经过两次法庭的证据交换，接着应当是等待法庭的宣判。

自2000年11月状告日本三被告，历经法院通知受理此案，再历经两次法庭交换证据，至2006年8月，已过去近6年时间，不知是慢还是快。说是慢，这2000多个日日夜夜，要是期盼某件事情有个结果，可能会感到心急、心焦，总觉得日子显得特别的长，仰望湛蓝的天空，太阳怎么总是那么慢悠悠地从东到西；说是快，似乎也真快，不经意间高悬中天的太阳就落山了，不经意间皎洁的月亮就又从东山升起来了。一个月、半年、一年就这么匆匆过去，感觉还未做成几件事，欢度春节的喜庆日子又到了！

夏淑琴老人就是在这样既感觉慢，又觉得快的时光荏苒中过来的。自法院通知受理自己的维权诉讼案，老人家就在心里期盼着，法院何时才能最终宣判自己的这个案子，自最后一次开庭交换证据也已过去一年又几个月了，还要再等多长时间宣判？几个月？或是更长时间？而这个更长，又会是多长呢？

也不需要多长，就在2006年8月23日，夏淑琴状告日本右翼分子的案件开庭宣判了。

上午8点55分，早早升起的太阳已经半挂在偶见白云的天空，虽是酷暑天，此时倒也不显得怎么燥热。阵风吹过，尚可感受到丝丝凉意。此时，夏淑琴老人一身洁雅素装，早已提前来到南京市玄武区人民法院，并充满信心地坐在原告席上，神情既坦然，又庄重。她的邻座，是本案的代理人律师谈臻等。

9点26分，在庄严肃穆的气氛中，担任本案合议庭审判长的玄武区人民法院副院长郭强宣布开庭。

由于夏淑琴案涉及两起侵权案件的三名被告，即东中野修道、松村俊夫、展转社，已经法院合法传唤，其虽无正当理由但却都没有到庭。于是，审判长郭强直接开始宣读法院查明的调查事实。

为了证明三名被告污蔑、诋毁夏淑琴名誉、旨在否定南京大屠杀历史事实的行为，律师团就这两起案件向法庭出示了5组共21项证据。包括远东国际军事法庭审判战犯影像资料、中国审判日本战犯军事法庭影像资料、《拉贝日记》、纪录片《马吉的见证》等。这些证据，从不同方面以不同形式证实着1937年12月13日日军对夏淑琴一家的加害，另外还有三被告对夏淑琴名誉权侵害的确凿证据。

庭审一直持续到11时10分。夏淑琴起诉的两个案件先后宣判。

法院经审理后认为，被告松村俊夫、东中野修道为达到否定南京大屠杀的目的，在未调查当事人夏淑琴等人的情况下，仅以个人单方面的怀疑，就在分别写作的《南京大屠杀的彻底检证》《南京大屠杀大疑问》两书中，否定夏淑琴南京大屠杀幸存者和重要证人的身份，违反了研究历史事件的全面、客观、公正的原则，存在重大过错。并且两书中有些语句，明显具有侮辱夏淑琴的用意，足以造成对夏淑琴的精神损害，依法应承担侵权责任。而日本展转社株式会社，作为这两本书的出版者，未尽合理审查之义务，造成了对夏淑琴的名誉侵害，应承担连带责任。

据此，南京市玄武区人民法院依法作出判决：三被告于判决生效之日起，立即停止出版《南京大屠杀的彻底检证》和《南京大屠杀大疑问》两书，并将已出版的书籍收回和销毁；三被告分别于判决生效之日起30日内，在中华人民共和国国内的《人民日报》《新华日报》《南京日报》，以及日本国内的《读卖新闻》《朝日新闻》《产经新闻》的显著位置，刊登向原告夏淑琴赔礼道歉的声明，并一次性赔偿原告夏淑琴精神损害抚慰金共计人民币160万元。[①]

从庭审到宣判的两个多小时的时间里，夏淑琴老人一直安稳地端坐在原告席上，仔细地倾听着审判长宣读查明的事实。她深知南京大屠杀是历史的真实，自己就是亲历者、见证人，这个是谁也翻不了的铁案！但她还是期盼着要当面听法院的庄严宣判。

---

① 见2006年8月24日《南京日报》。

就在审判长宣读判决结果时，夏淑琴老人的神情却显得十分平静。她知道，这个审判结果早在她预料之中，只是或迟或早到来的问题。

宣判结束后，法庭询问原告夏淑琴是否需要上诉，老人确定无误地表述说：“我同意法院的判决，不上诉。”

2006年8月23日，南京大屠杀幸存者夏淑琴倾听南京市玄武区人民法院第一法庭宣读原告夏淑琴诉日本东中野修道、松村俊夫及日本展转社名誉侵权案判决书

历经近6年的审理，南京市玄武区人民法院终于作出一审判决，这也是该法院依据事实在进行依法审判。在审理此案的整个过程中，法院的法官们并没有因为夏淑琴是社会名人，是确定的南京大屠杀见证人，也没有因为南京大屠杀是毋庸置疑的历史事实，且东京审判已早认定大屠杀案的存在，更没有因为国内社会各界及媒体舆论对夏淑琴案的支持与声援而受到牵制和影响；相反，是以负责严谨的态度，确确实实地查清夏淑琴一家当年遭受残害劫难的情况，认认真真地查清夏淑琴与其妹劫后幸存的情况，清清楚楚地查清夏淑琴名誉遭受被告侵

2006年8月23日，中国人权发展基金会、中国律师协会就夏淑琴名誉权案胜诉举行新闻发布会

害的情况。所以，他们在工作中所收集证据不是几件十几件，而是能够收集到的有关该案的所有证据材料。就在这样具备完整证据链材料的基础上，最后方以事实为依据，以法律为准绳，作出庄严的宣判。这个宣判，一经作出，就是经得起历史检验的铁案。

此刻，一轮骄阳正当空高悬，它的耀眼光芒刺穿飘飘荡荡的几片乌墨残云，照射在蜿蜒的金陵城墙内外，泼洒在巍巍钟山的峰谷林间。

当夏淑琴老人走出法院大门，顿感朗朗乾坤，风清气正，天地开阔，扬眉吐气。

这时媒体记者们也围了过来，纷纷把话筒伸到老人跟前，就宣判后的感受发问。

"这是一场公正的判决，"77 岁的夏淑琴老人激动地告诉媒体记者："我活一天就要告一天，不但为被日军屠杀的家人，也为身后 30 万的死难同胞。今天，我终于在国内打赢了这场官司，但这还不够，我还要在日本告倒他们（右翼分子）。"

当有记者问及日本两被告为何未到庭的问题时，夏淑琴老人激动起来，鄙夷地说："日本的被告为何不来？他们怕丑！怕丢人！"①

当日中午，胜诉后的夏淑琴老人出席了由中国人权发展基金会和中华全国律师协会共同举办的新闻发布会。会上，当老人家谈及那场浩劫及自己的遭遇时，立刻收敛了胜诉后的愉悦面容，再也抑制不住内心的痛苦，禁不住老泪纵横："那天仅仅一会工夫，我看见我 7 位亲人，被日本兵用不同的方式杀害，那种毒辣的行径，谁受得了？"

之后她稍稍平静下心情，断断续续地诉说着："侵华日军杀死包括我的亲人在内的那么多人，就像杀小鸡一样，还搞什么杀人竞赛，我永远都不会忘记这些！"

这时老人抹了抹眼泪，意志坚定、心胸坦荡地表示："我打这场官司，除了要为大屠杀 30 万冤魂和幸存的受害者讨回公道，还有个目的，就是祈求和平、不要打仗！"

"祈求和平，不要打仗"这句话，老人家还加重语气地重复说了三遍。

这是一位家遭劫难的幸存者的心声与呐喊，也是千千万万在大屠杀中的幸存者的心声与呐喊，更是站起来的十几亿中国人民要求"珍爱和平、远离战争"的心声与呐喊！

正义的宣判，不仅是夏淑琴个人和诸多幸存者的胜利，也是中国人民的胜利，更是全世界爱好和平的人们的胜利。对夏淑琴案的审理，始终牵动着南京人民以及更多人们的心，他们一直关心着此案审理的进展，更关心着最后审判结果的公布。所以当得悉玄武区人民法院今天就要对此案进行宣判，就有不少市民前来旁听。当听到夏淑琴案原告胜诉的审判结果，在场旁听者以及南京广大市民都感到由衷高兴。

其中 72 岁的南京大屠杀幸存者佘子清就激动地慨言："历史就是历史，事实就

① 见 2006 年 8 月 24 日《南京日报》。

是事实，谁也篡改不了！日本右翼作者歪曲历史就是犯罪，不仅仅是对中国人民的犯罪，也是对日本爱好和平的人的犯罪，是对全世界爱好和平的人的最大的犯罪！”

江苏电视台的编导陆群也激动地愤称：“凭什么、凭什么？不是我们侵略日本，而是他们到我们国家来杀人，那两个日本右翼分子竟然以所谓的细节不符，就想否定真相，凭什么！”

自始至终关注夏淑琴案件进展的侵华日军南京大屠杀遇难同胞纪念馆馆长朱成山，在听到法庭宣判后更是特别激动，这不单单是他曾为法庭递交了数千言《意见书》，其中所列翔实资料肯定为法官审理此案及最后宣判，具有重要的参考价值，而且他更清楚此案胜诉的重要意义，因为这是中国法院首次对南京大屠杀涉外民事案作出的判决，是对日本右翼分子企图否定南京大屠杀史实的当头棒喝，也是对日本右翼分子企图否定夏淑琴等证人证言存在的迎头痛击。

他兴奋地对记者说：“终于有结果了，我为夏淑琴感到高兴，更为历史得到法律的维护而感到高兴。这不仅是夏淑琴一个人的胜诉，更是公理和正义的胜诉！”

提及日本三名被告拒不到庭，朱成山愤指他们的行为实在是极其恶劣，“他们根本没有胆量到中国来，这就说明他们所写的书都是在说谎，是在玩文字游戏，应该闭上他们的臭嘴！”

夏淑琴状告日本右翼作者的义举，不仅在中国国内得到广泛声援，同时也得到了有正义感的日本友好人士的坚决支持。在今天的庭审现场，就有专程从日本赶来的友好人士井堀哲律师。他在庭审前后接受记者采访时就曾认真表示，“这是人类良知对人性泯灭的审判”。他说：“在我参观纪念馆时，面对累累白骨，看着他们各种各样临死的姿势，我强烈感觉到，他们虽是白骨，但都在发出愤怒的呐喊，无言的控诉，这种控诉我是用灵魂和心灵感受到的。而制造这种野蛮行径的就是我们的父辈，在战后，他们既不谢罪，也没有赔偿。更为严重的是，现在不少人还企图否认这段历史，不想承担历史的责任。和平是人类的共同追求，是人性的真正回归。我们帮助夏淑琴，目的是维护南京大屠杀的史实。维护历史的真实、共同正视历史，就是维护中日两国人民的美好未来。”

当被问及日本民众怎样看待南京大屠杀这段历史时，井堀哲介绍说：在日本，应该说大部分民众是相信并承认南京大屠杀这段历史的。但近年来，日本国内右翼势力有所抬头。他们妄图通过“学术研究”来否定历史的个别“细节”，达到全面推翻这段历史的目的。这是威胁和平的危险信号，是爱好和平的人所不能容忍的。据我们调查，东中野修道既没来南京实地考察，也没有向夏淑琴老人直接调查，就断然否认夏淑琴老人幸存者的身份，否定这一事件的本质联系，这种所谓的“学术研究”，必然得出完全错误的结论。[①]

南京市玄武区人民法院对夏淑琴名誉权侵害案的审理并宣判夏淑琴胜诉，这开创了中国司法机关依据中国法律对发生在本国的重大历史事件进行裁判的先河。在以往认定南京大屠杀史实的民间对日索赔诉讼中，人们更多的是通过律师在日本诉讼，或者是政府在外交场合表明态度或观点。而夏淑琴案件则是第一次通过中国的司法程序，对一个中日历史事件做出裁判。它的最大意义在于，中国的民众可以理性地通过法律的途径对待历史问题。之前中国律师也代理了几十件民间对日索赔的案件，但都是在日本起诉，包括李秀英名誉侵权案。夏淑琴在国内的起诉，虽然是普通的名誉侵权案，但侵权的事实直涉当年日军南京大屠杀这样的重大历史事件，而且侵权人是日本国民，书是由日本的出版机构在日本出版。这次南京市玄武区人民法院的判决，为今后中国法院审理涉及战争的民间索赔案件开辟了新的途径，将成为类似案件的判例。[②]

---

① 参见2006年8月24日龙虎网。

② 参见南京市社会科学院研究员赵德兴撰稿。

第八章　东京三胜诉

南京市玄武区法院对夏淑琴案进行宣判后，夏淑琴老人由衷地感到对日本那几位可恶的右翼分子胜诉的喜悦，认为这样公平正义的结果，总可以告慰遇难亲人的在天之灵！然而她知道，还有一桩令她无比气愤的重大事件正在日本国内发生着。

事情是这样的——

当2000年11月，夏淑琴老人在南京中级人民法院状告东中野修道、松村俊夫及展转社侵犯自己的名誉权，2003年4月21日，南京市中级人民法院授权玄武区人民法院审理此案，并将起诉书送达被告，同时告知被告庭前交换证据的时间为2004年9月15日，开庭时间为2004年11月23日、25日，这些法律程序都是依法依规、明明白白、清清楚楚的事情。可是随后发生的事情却大出人们意料！几次开庭，被告不仅拒绝前来应诉，东中野修道和日本展转社这两名被告，竟然于2005年1月29日在中国法院尚未作出判决之时，以“所出版的专著未损害夏淑琴名誉，要求日本法院确认夏淑琴在中国法院的起诉事实不存在”为由，向日本东京地方法院起诉了夏淑琴。

这真是黑白不分辨，是非大颠倒！在中国的原告夏淑琴在日本竟成了“被告”，而在中国是被告的东中野修道和展转社在日本反成了“原告”。夏淑琴老人十分气愤：被告对我自己造谣诽谤，连来南京法庭出席的胆量都没有，还敢在日本反诉我？这还讲不讲理，有法没有法？

所以，当2005年1月，夏淑琴接到来自日本法院的传票和起诉状时，不由得胸中怒火上翻。但怎么应对，要拿出个什么主意，她自己尚不清楚。于是，她再一次走进江苏法德永衡律师事务所（由前法德律师事务所与永衡律师事务所合并而来），与谈臻等律师商议，最后决定夏淑琴赴日出庭应诉，直接面对日本民众，用亲身经历戳穿日本右翼分子否定南京大屠杀的谎言。因为夏淑琴一家遭受残害虐杀的事实是真实存在的，这有充分确凿的大量证据；另外，东中野修道对夏淑琴的污蔑、造谣、诽谤的侵权行为，是在展转社为其出版的那本书上白纸黑字明摆着的，他想抵赖也抵赖不了；既然如此，作为“被告”的夏淑琴非但没有必要害怕和躲避这场不期而来的诉讼，而且要光明正大地勇敢地到日本法庭上去应诉，堂堂正正地坦然面向日本大众，这既是要为“被告”夏淑琴澄清迷雾，捍卫她的名誉，也是要为南京30万遇难同胞伸张正义，讨还公道！

主意拿定，下面就是为应诉积极地做准备。

与此同时，东中野修道与展转社状告夏淑琴一案，在日本国内也引起大的反响。许多日本友人反对东中野修道等的诉讼行为，同情和支持夏淑琴维护自己的名誉权，也有一些持正义感的律师站出来，愿为帮助夏淑琴应对这场官司而做出努力。其中就有10位律师组成律师团，准备积极地帮助夏淑琴在日本应诉。

一个月后，日本律师团中的几位成员越洋来到南京，具体洽谈有关律师协助问题。后在中国律师的协助下，夏淑琴在南京与日本律师办理了委托代理手续，由7位日方律师为夏淑琴的应诉进行准备。中日两国律师为了维护南京大屠杀的历史真相和幸存者名誉而联起手来。

2006年4月，中华全国律师协会民间对日索赔工作指导小组副主任李大进律师，以及该协会的工作人员专赴南京法德永衡律师事务所，与再次来华的日本律师一起，共同商讨此案的应对之策及在日本的后援支持。

2006年3月9日，日本月刊《自然人间》编辑长熊谷伸一郎以及日本律师团在纪念馆与夏淑琴交谈案情

2006年4月4日，日本夏淑琴诉讼案律师渡边春己、穗积刚等四人，以及江苏法德永衡律师事务所谈臻、吴明秀等，在纪念馆调查夏淑琴、哈梦鹤口碑证词

为夏淑琴辩护的日本律师团，对夏淑琴赴日应诉有重要作用。东中野修道在日本本土起诉夏淑琴，这对夏淑琴应诉带来许多不利因素：一是日中两国跨海隔洋，往返不便且花费不菲；二是对日本法律的条文及司法情况并非全部熟悉；三是对日本的舆情及社会反应不易做到即刻把握和全面了解。现在委托熟门熟路的日本律师团代夏淑

琴在日本国办理应诉事宜，自然要方便得多，有利得多。

2006年6月30日，夏淑琴在中国律师和侵华日军南京大屠杀遇难同胞纪念馆工作人员、日本律师和声援团的陪同下，走进东京地方法院应诉。

踏上日本国土，步行在东京街头，已77岁的夏淑琴老人很是感慨：1994年8月、2002年12月，自己曾两次赴日参加证言集会，控诉当年侵华日军在南京的大屠杀暴行，讲述自己家7口人被日本兵杀害的惨痛史实，呼唤中日两国人民珍爱和平，远离战争；而且自己在日本所到之处，也感受到了许多日本人对当年军国主义发动侵华战争表示忏悔、道歉的真诚意愿，同时自己还交了不少日本朋友；可是现在仍有一些日本右翼分子美化侵华战争，企图为南京大屠杀的暴行翻案，在这些人中甚至还有个叫东中野修道的和为他出书的展转社，竟然把我告上了法庭，真是岂有此理！

夏淑琴昂首稳步走进东京法庭，两眼闪现着坚定的目光，而深刻着历史记忆的脸庞则充满自信。当她以“被告”的身份正义凛然地站在法庭上时，一下子让作为“原告”的东中野修道和展转社的代理人慌了神。他们起初或许判定夏淑琴不会来日出庭受审，那样他们将能继续玩弄造谣与诽谤的伎俩，继续混淆是非，欺骗善良的人们。未曾料到快80岁的夏淑琴竟勇敢地来日出庭，那么他们所编造的谎言在活的证人面前注定会被戳穿。果然，审判过程完全是一边倒。面对被告代理律师提交的证据和夏淑琴的证言，原告东中野修道和展转社的代理人当庭心虚和理亏地表示撤诉。于是，为日本右翼分子鼓动和撑持的两原告状告夏淑琴的诉讼案件，竟演变成一场为正义人士所不齿的拙劣闹剧！

2006年6月30日，南京大屠杀幸存者夏淑琴、法德所律师团一行人参加夏淑琴案声援报告会

2006年6月30日，南京大屠杀幸存者夏淑琴、纪念馆馆长朱成山及法德所律师团一行人在夏淑琴案声援报告会上合影

随着原告东中野修道、展转社撤诉，涉夏淑琴在日本的第一场官司即告终结。但是，东中野修道及给其出书的展转社通过之前诬告夏淑琴，称夏对他们的名誉权造成损害，并且在社会上大肆宣扬、污蔑夏淑琴侵犯了他们的名誉权，这个不良影响仍然存在。所以本案结束后，经商议，夏淑琴委托日本法律援助团提起反诉。

夏淑琴向法庭提起反诉，是为了坚持正义，彻底戳穿东中野修道之流的谎言，绝不能让这些谎言继续大行其道，继续蒙骗善良的人们。同时，也要让南京大屠杀的历史真相在日本为更多的人所认知，并且得到法律的认定。

夏淑琴所提反诉的诉讼要求，一是日本法院判决东中野修道和展转社侵犯她的名誉权；二是两被告在中日两国媒体上公开赔礼道歉；三是赔偿她的精神损失费1200万日元。

2006年9月22日，距离夏淑琴以被告身份应诉已过去80余天，夏淑琴反诉案在东京地方法院开庭。从她提起反诉到结审，东京地方裁判所一共举行了8次口头辩论。在法庭上，控辩双方各示证据，各显神通，唇枪舌剑，争论激烈。然而，谎言毕竟是谎言，真相依旧是真相。几个回合下来，被告东中野修道一方在对阵原告夏淑琴一方的辩论中，已渐显理屈词穷之势，而原告夏淑琴一方则是正义在胸，事实在手，节节突进，气势昂扬。

2006年7月1日，南京大屠杀幸存者夏淑琴、纪念馆馆长朱成山、法德所律师团及日本友人等在东京夏淑琴案报告会上合影

2006年7月1日，南京大屠杀幸存者夏淑琴在东京举行的夏淑琴案报告会现场

历经近一年半的时间，2007年11月2日北京时间下午3点30分，日本东京时间4点30分，日本东京地方法院对侵华日军大屠杀幸存者夏淑琴状告东中野修道、展转社名誉侵权案做出一审判决。认定反诉原告夏淑琴是南京大屠杀的受害者，而《南京大屠杀的彻底检证》的记述损害了原告名誉。法庭责令被告东中野修道、展转社向原

告夏淑琴赔偿400万日元。对于这一判决，东中野修道、展转社两被告顿觉垂头丧气，但他们并不甘心就此败诉，还想拼力一搏，于是向东京高等法院提出上诉，意图翻转案情，争回面子，挽回败局。

对这起案件的判决，在日本引起不小轰动，当地的许多民众也非常关心这件案子。开庭前，就有不少日本志愿者在法庭外打出横幅标语，积极声援夏淑琴老人。只能容纳几十人的法庭内，更是座无虚席，来听宣判的人多到需要抽签才能进庭旁听。与此同时，日本媒体也非常关注这一案件，NHK（日本放送协会）、产经新闻、朝日新闻等20多家媒体都赶到现场，及时地进行采访报道。

东京地方法院宣判夏淑琴胜诉的消息，除在日本各大媒体广泛报道外，还迅速传到中国国内。

当天下午，夏淑琴的代理律师谈臻通过越洋电话，兴奋地告诉国内记者，日本东京法院当庭对该案作出了判决：东中野修道、展转社以出版书籍的形式，怀疑“夏淑琴8岁时的遭遇”是违法行为，对夏淑琴的名誉构成了侵权，东中野修道、展转社连带赔偿夏淑琴名誉损失费350万日元；东中野修道单独赔偿夏淑琴名誉受损费50万日元。

侵华日军南京大屠杀遇难同胞纪念馆馆长朱成山也在当天接受记者采访时表示：“夏淑琴胜诉完全在意料之中，这充分说明篡改历史的人最终将受到惩罚！”

11月3日，国内诸多媒体都在报纸的显要位置，报道夏淑琴案件的来龙去脉，深度分析夏淑琴案胜诉的重要意义。其中《南京日报》报道说：不堪日本右翼作者污蔑，赴日打官司讨要名誉权的南京大屠杀幸存者夏淑琴，已于昨日在日本东京法院一审中胜诉，“这是继南京大屠杀幸存者李秀英赴日起诉日本右翼分子胜诉后，又一名幸存者打赢了官司。日本法院通过判决的形式，确认南京大屠杀的历史，意义十分重大”。

2008年5月21日，夏淑琴案东京高等法院二审胜诉新闻发布会在侵华日军南京大屠杀遇难同胞纪念馆会议室举行

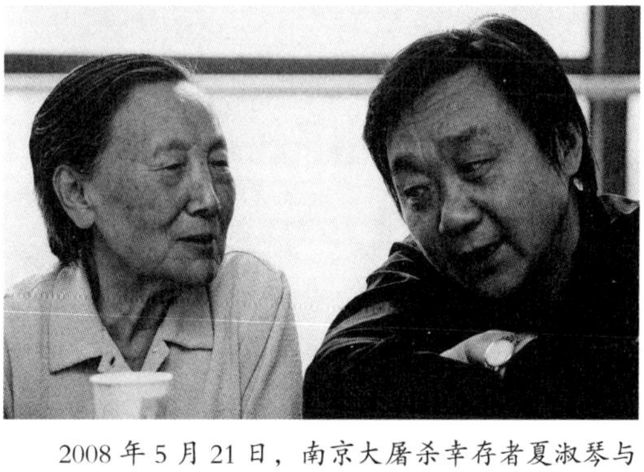

2008年5月21日，南京大屠杀幸存者夏淑琴与纪念馆馆长朱成山在夏淑琴案东京高等法院二审胜诉新闻发布会现场交谈

冬去春来，雪融花开。自 2007 年 11 月初，东中野修道及展转社对夏淑琴案一审判决不服并提出上诉以来，又过了半年多时间，到 2008 年 5 月 21 日，东京高等法院经过审理，确认夏淑琴名誉权被侵害的事实，故宣布维持一审原判。

可是，东中野修道与展转社两被告还不死心，不自量力地再一次向日本最高法院提出上诉，企图再做最后拼力，扭转一审、二审的连败讼局。

对于被告的两番上诉，夏淑琴老人真是气恼至极！明明是这两个被告造谣污蔑自己，现在还想倒打一耙，继续向我泼洒污水，连带着否定南京大屠杀的铁定史实。老人家下了决心：为了维护自己的名誉，更是为了那段刻骨铭心的惨痛历史不被歪曲和抹杀，我 80 岁老婆子一定要将这件官司打到底，被告你不是不服么，那我就陪着你，把这件官司打到底，相信正义必将战胜邪恶，真相必将戳穿谎言！

围绕夏淑琴的中国南京案和日本东京案，焦点只有一个，即历史的真相到底是什么？夏淑琴从在南京起诉，再到日本东京应诉，然后再反诉的目的就是，用法律的形式，以确凿的证据，维护南京大屠杀的历史真相；用法律的形式，以不容否认的事实，捍卫自己的名誉权，并保护历史真相和自己的名誉权今后不再被任意歪曲与肆意侵犯。

2009 年 2 月 5 日，日本最高法院就有关夏淑琴名誉权侵害一案作出最终判决，作为原告的南京大屠杀幸存者夏淑琴胜诉，同时驳回东中野修道、展转社的上诉。

此案终于尘埃落定，夏淑琴在日本起诉东中野修道与展转社名誉侵权案取得最终胜利！

2009 年 2 月 7 日，夏淑琴名誉侵权东京案终审胜诉通报会会场

2009 年 2 月 7 日，朱成山（左一）、谈臻（左二）、夏淑琴（左三）在夏淑琴名誉侵权东京案终审胜诉通报会上

夏淑琴维权案从 2000 年 11 月开始，最先在南京起诉东中野修道、松村俊夫及展转社，到 2009 年 2 月终审胜诉，历时八年零三月，她也从当年的 71 岁到时年的整 80 岁，中间以七八十岁的高龄，不避寒暑，数度往返中日两国，所经历的艰难曲折，真是难以言表。她一会儿是原告，一会儿是被告，另一会儿再成为原告，随着角色的转换，

案件也是跌宕起伏，屡生意外。这讼中讼，案中案，尽显复杂曲折之情。而支撑夏淑琴老人坚定地把这个维权官司打下去的强烈信念，就是维护历史真相，捍卫幸存者尊严！为了达到这个目的，我夏淑琴吃这点苦还能算什么呢？

当日本最高法院做出终审判决后，夏淑琴接受了记者采访，她动情地表示："我感到很高兴，这不仅是我个人的胜诉，也是对历史真相的肯定和对南京大屠杀30万死难同胞的一个慰藉。"

2009年7月2日，夏淑琴老人在南京法德永衡律师事务所主任谈臻、律师吴秀明及翻译陪同下抵达日本东京，同行的还有南京市社会科学院国际和平研究所副所长赵德兴、夏淑琴的外孙女夏媛等。此行一是参加日本友人庆祝夏淑琴胜诉的"大胜利纪念集会"，二是领取胜诉的赔偿款。在举行集会期间，许多日本友好人士自发前来参加集会，对夏淑琴老人胜诉表示热烈祝贺。另外在日期间，中日律师曾多次举行友好交流，畅谈在艰难曲折中终获胜诉的感慨与意义。夏淑琴老人还郑重地向本案日本律师团赠送"和平"勋章，诚挚感谢10名日本律师在长达10年的时间里所给予她的法律援助。

夏淑琴案尘埃落定，之后日本律师团将夏淑琴案资料捐赠给侵华日军南京大屠杀遇难同胞纪念馆。

2010年3月26日，日本律师团向侵华日军南京大屠杀遇难同胞纪念馆捐赠夏淑琴案诉讼资料

7月6日晚，夏淑琴老人一行从日本归来。当她从飞机上俯瞰夜幕下的南京城时，只见一条条伸展开来的艳彩长廊，璀璨夺目，一座座辉映楼宇的广告彩虹，点亮夜空。这一切，有如人间仙境，地上琼林，真是美不胜收！她为舷窗外的美景所陶醉，也为10年维权路终获胜诉而欣慰。

回到南京后，夏淑琴老人作为唯一活着看到终审胜利并获得赔偿款的南京大屠杀幸存者出现在媒体面前。此行中，夏淑琴案中方法律辅佐人、江苏法德永衡律师事务所主任谈臻告诉记者，夏淑琴今年2月胜诉后，她委托的日本律师团已收到4557327日元赔偿金，约合人民币31万余元。在支付日本律师团的诉讼费用后，夏淑琴老人实际获得3417995日元，约合人民币23万余元。

对于在日本三审胜诉的判决，谈臻律师深有感触地说：“胜诉是应有之意，我和其他日本律师都觉得这次的审判还是比较公正的，但有一点觉得遗憾。”他说：“夏淑琴老人提出的要求对方通过媒体向自己公开道歉，法院并未支持。法院主要是认为东中野修道书中的观点完全无合理性，正常人看到这种牵强附会的言论根本不会相信，所以谈不上对夏淑琴人格上造成多大的污辱和社会评价的降低，因此驳回了夏淑琴老人要求对方在中日两国主流媒体公开道歉的请求。但律师们还是认为，法院没有充分考虑到捏造事实对夏淑琴所造成的精神伤害。”

尽管判决结果并不尽如人意，正义也来得稍稍晚了一些。但是，夏淑琴在中日两国法院 4 次胜诉，另有一次是右翼分子东中野修道临庭撤诉。这充分说明，正义的力量是谁也阻挡不了的，事实总归是事实，不是谁想抹杀而能抹杀得了的！

夏淑琴案延续 10 年，并最终胜诉，这成为中日两国律师携手，在民间对日索赔中获得的第一个完胜。为了这段历史能够得到中日两国法院的确认，10 年间，江苏法德（永衡）律师事务所夏淑琴案件的代理律师团队，在谈臻和吴明秀两位律师的带领下，遍查历史档案、走访相关人员、研究国外类似的案例、翻译相关资料、调查取证、研究诉讼过程中可能出现的问题，并将大量证据分为不同序列以证明不同的问题；北京天达律师事务所的李大进律师则多次往返于北京、南京之间，与法德所的律师共同研究案情和探讨案件涉及的法律问题。没有他们专业而辛勤的努力工作，要想取得胜诉是很难的。所以，夏淑琴案的中方代理律师曾感慨地说：“中国律师对夏淑琴提供法律帮助，既是维护中国公民的合法权益，也是维护史实、捍卫人权的正义举动。律师就是要通过法律，维护历史的真实；通过诉讼，使过去的历史更加清晰。要让日本的右翼分子明白，历史既不能歪曲和虚构，也不能抹杀。我们只有正视历史，才能以史为鉴，面向未来。在这个基础上，中日两国才能世代友好下去。”[①]

另外，日本律师团队在夏淑琴案的审理过程中，也发挥了重要作用。从 2005 年接受夏淑琴老人的委托后，心怀正义感的一些日本律师就成立了夏淑琴案律师团，团内律师多次往返于中国和日本，与中国律师研究庭审对策，询问相关证人，查阅历史档案。为了让更多的日本人民了解历史真相，日本律师还在东京成立了支持夏淑琴案件的后援团，几次组织揭示南京大屠杀真相的报告会和为南京大屠杀幸存者募捐等活动。夏淑琴老人为此案多次在日本亲身演讲，戳穿了日本右翼分子歪曲和否认历史真相的劣行，并向日本人民报告南京大屠杀的真相。后来在南京为夏淑琴案胜诉举行的新闻发布会上，日本南京大屠杀夏淑琴名誉损害事件律师团就在声明中说：“面向过去，

---

① 参见《中国律师》CHINESELAWYE2009.3

只有坦诚面对事实，才能对侵略历史进行反省，才能实现构筑真正亚洲的和平。夏淑琴不顾自己高龄提起本案诉讼，向世人讲述自己悲惨遭遇，诉说战争的悲惨、和平的珍贵，对确立日中两国国民的相互信赖关系和亚洲的和平很有必要。”①

十年诉讼路，终获完胜归。夏淑琴老人或许自己并未感到自己所做的这件维权事情有多么重要。但事实上，这个案件注定将载入维护南京大屠杀历史真相的史册，注定将载入捍卫南京大屠杀幸存者名誉权的史册，也注定将载入中国律师代理中国公民打赢跨国维权官司的史册！

在这里，笔者不得不向读者朋友们报告一件令人遗憾和悲伤的事情：

就在笔者撰写本书稿的时候，惊悉受人们尊敬的、满怀正义感的优秀律师谈臻，于2020年6月12日6时许，因突发肺栓塞，经抢救无效去世，年仅66岁。谈臻生前担任江苏法德东恒律师事务所党委书记、荣誉主任，南京市法律援助协会基金会理事长，曾任南京律师协会党委副书记等职。

江苏法德东恒律师事务所党委书记、荣誉主任，南京市法律援助协会基金会理事长

谈臻突然离世的消息，在南京市民中，在研究南京大屠杀的专家、学者中，也在南京、江苏以至全国律师界，引起了很大反响。这么好的一位律师，怎么这么快就离世了呢？起初人们还不大相信，待消息确实，于是各界人士便纷纷以各种形式悼念他、纪念他。

谈臻律师去世的消息也传到海外。日本知名律师渡边春己、山森良一等，很快于6月15日专门以“中国人战争受害赔偿请求案件律师团”“夏淑琴案件律师团”名义发来唁电。唁电称：“回忆谈臻先生爽朗的笑容，是那样的充满活力，难以相信就此离去。”唁电在深表哀悼的同时，还再次肯定了“谈臻先生在战后赔偿诉讼中发挥了很大作用”，我们“对其功绩谨致赞美之意”。②

谈臻律师去世，最感悲痛伤心、最受打击者之一的就是夏淑琴老人了。夏淑琴因维权诉讼案，与谈臻律师相识长达20年之久。自谈臻接手她的维权官司后，曾共赴北京出席维权新闻发布会，曾同桌讨论起诉日本右翼分子的材料和证据，又曾数次东渡日本彻底告倒日本右翼分子，其间莫不得到他长期的无微不至关心。这一桩桩、一

① 参见《中国律师》CHINESELAWYE2009.3

② 丁国锋：《南京律师谈臻的法律人义举 执法律之剑为南京大屠杀幸存者夏淑琴跨国维权》，《法治日报》2020年8月24日。

件件，恍若昨天，犹在眼前……

已91岁高龄的夏淑琴老人，抑制不住地在家中号啕大哭：“我怎么能见到他？他就这样走了！我怎么去看他！”

夏淑琴不顾年迈，未多耽搁便在女儿的搀扶下来到谈臻律师家中灵堂前悼念。看着遗像上谈臻律师熟悉的面容，她又禁不住扑簌簌地落下泪来，随之向遗像鞠躬致哀！

在谈臻律师的追悼会上，数百名来自南京及江苏各地的律师自发到殡仪馆为他送行。生前，他为律师工作发展作出了突出贡献，曾被中华全国律师协会授予“为律师行业管理工作作出无私奉献”荣誉奖章，被江苏省司法厅授予“特殊贡献奖”，另外，还曾荣立个人二等功。

谈臻律师去世后，先后有数十位律师深情地撰写纪念文章，或接受记者采访，回忆他的高风亮节及其所作贡献，称“他的去世是中国一代老律师的损失”！曾前后18年与谈臻一起参与对夏淑琴案的调查、诉讼代理和善后处理的法德东恒律师事务所律师吴明秀深有感触。他历数谈臻律师为打赢夏淑琴老人维权官司所付出的心血，虽艰苦备尝，但无怨无悔，直至胜诉。这个案件影响很大，“此后，日本的出版物再也没有出现污蔑诸如李秀英、夏淑琴这样具体的南京大屠杀幸存者事例的歪曲言论”。

事实确是如此！

谈臻律师在代理夏淑琴诉讼案期间，通过大量的调查研究与法庭辩论，使夏淑琴一家的悲惨遭遇愈发清晰、无可辩驳，夏淑琴被公认为记录南京大屠杀史的“活化石”；胜诉后，围绕大屠杀幸存者的口述史采集和相关学术研究，愈发得到社会各界的关注和支持；历史学和法学携手加强南京大屠杀法律史研究，也愈发得到学术界的重视。

8月23日，侵华日军南京大屠杀遇难同胞纪念馆、南京市律师协会联合为谈臻律师举行了追思会。在怀念回顾他先进事迹的同时，激励律师群体学习和弘扬他的法律人义举，用所学所用为社会作出更大贡献。江苏省司法厅副厅长张武林在追思会上评价说：“最令我钦佩的是谈臻律师生前一直致力于用法律武器维护侵华日军南京大屠杀历史真相，一刻不曾忘记自己的使命。”“他是江苏律师的好榜样和精神路标。怀念谈臻律师，就是要坚定政治信念、继承和发扬谈臻律师为公平正义作出的无私贡献，激励更多法律人献身律师事业，这是对他最好的纪念。”①

当天，正是南京最热的时候，但夏淑琴老人仍冒着酷暑，在外孙女夏媛的陪同下，急急赶来参加谈臻律师的追思会。

在追思会现场，夏淑琴老人声泪俱下地哽咽着说：谈臻律师可真是“好人”！“他

---

① 丁国锋：《南京律师谈臻的法律人义举 执法律之剑为南京大屠杀幸存者夏淑琴跨国维权》，《法治日报》2020年8月24日。

如今早逝，让我心痛啊！谈律师一分钱不要，这么多年为我打官司，东奔西走，他为了什么啊？不就是为了国家好！”①

难怪夏淑琴老人悲痛和动容。谈臻律师早从2000年夏季开始，就为夏淑琴的维权案做初步论证，至当年11月正式接受委托，到2017年初秋最后一次去日本处理善后事宜，曾自掏腰包四渡东瀛，其间经历了中国法院和日本法院两起案件的6次开庭、5次宣判，这是多么艰难曲折的为夏淑琴讨回公道的维权之路啊！最后终于取得维权的完全胜利。这整个过程，真切而又生动地见证了他始终怀抱的公道正义、坚定不移的维权信念和扎实细致的职业操守。

追思会上，在历史和法律专家、幸存者及媒体等见证下，谈臻的妻子李明霞女士、哥哥谈晓翔先生，将谈臻律师关于夏淑琴案的有关资料，一件件亲手交到侵华日军南京大屠杀遇难同胞纪念馆馆长张建军手中。其中包括：十多年前由中华全国律师协会、中国人权发展基金会写给南京大屠杀幸存者夏淑琴名誉毁损诉讼案中日本律师团的感谢信、中华全国律师协会对民间对日索赔诉讼工作特别嘉奖、对谈臻律师的贡献予以特别嘉奖的荣誉证书，以及赴日诉讼期间的诉讼资料、书籍、照片，广播电视等媒体采访夏淑琴、谈臻的影像、报刊资料等36件物品。这些物品作为南京大屠杀史尤其是法律史研究的重要史料，将在侵华日军南京大屠杀遇难同胞纪念馆供后人观瞻、研究。

《法制日报》记者丁国锋在深入采访并报道谈臻律师的生前事迹，并与夏淑琴及更多人对谈臻律师的追思与怀念后，发自内心地感慨说：

“一个人活着，并不需要做过什么感天动地的壮举，也不需要过多华而不实的赞美，只需要做过一两件让人真心钦佩，让同行肃然起敬的暖心事就行。谈臻，就是这样一位感动南京城的律师。”②

2020年8月22日，谈臻律师追思会现场。右侧第一人为夏淑琴，第二人为谈臻妻子李明霞（丁国锋 摄）

① 丁国锋：《南京律师谈臻的法律人义举 执法律之剑为南京大屠杀幸存者夏淑琴跨国维权》，《法治日报》2020年8月24日。

② 丁国锋：《南京律师谈臻的法律人义举 执法律之剑为南京大屠杀幸存者夏淑琴跨国维权》，《法治日报》2020年8月24日。

第九章　赴美录证言

维权官司胜诉，夏淑琴老人自然开心，扬眉吐气。为了维护历史真相，即便在中日两国之间多次穿梭来往，再怎么辛苦受累，也无怨无悔。

夏淑琴作为南京大屠杀幸存者中的代表人物，既是第一个赴日本参加证言集会的幸存者，而且还是坚持与企图否认历史的日本右翼分子作斗争，并在中日两国法院均将污蔑她为“假证人”的日本右翼分子告倒的名誉权捍卫者。所以她在日本的知名度很高。

就在夏淑琴胜诉维权官司的之前或之后，她也曾多次应邀赴日本，参加幸存者的证言集会，作证当年侵华日军南京大屠杀的罪行及杀害她家 7 口人的暴行。

自 1994 年 8 月夏淑琴老人首次赴日本参加证言集会起，以后几乎每年都参加这样的活动，时间也大多在每年的 12 月份。尽管多次往返，但她每次去都感到肩上的责任很大：既要报告南京大屠杀的历史真相，也要以亲身经历讲述日本兵对她家亲人的残杀施暴，同时还要与日本友好人士进行座谈交流。期间，也免不了遭受日本右翼

2007 年 8 月 15 日，南京大屠杀幸存者夏淑琴在日本太平洋战争受害者集会现场发言

2012 年 12 月 16 日，南京大屠杀幸存者夏淑琴在东京证言集会现场

分子的滋扰和挑衅。但她想到自己还能以幸存者的特殊身份，为捍卫历史真相，揭破日本右翼分子否定南京大屠杀的谎言，增进中日两国人民之间的了解和友谊，为呼唤世界和平贡献一份力量，就觉得自己在古稀与耄耋之年，还是有人生价值的，自己的晚年生活还是有意义的。

这不，在2012年12月13日侵华日军南京大屠杀遇难同胞遇难75周年纪念日之前，已是83岁高龄的夏淑琴老人于当月6日启程，冒着凛冽的寒风远赴日本参加证言集会。此行，她一路风尘仆仆，分别到日本的大阪、京都、福冈、冈山、神户、金泽、名古屋、东京等地参加证言集会，历时12天之久。每到一地，她都向当地民众讲述当年日军南京大屠杀的历史，与当地民众进行现场交流。这让不少并不了解这段历史的日本民众，对这段历史有了更为准确的认知和感悟。另外，每遇有适当场合，她还都情真意切地呼吁中日两国人民要不忘历史，世代友好，要让我们的子孙永远都不要打仗！

夏淑琴及其他大屠杀幸存者赴日本参加证言集会的有组织活动，一直延续到2015年。这一年夏淑琴已经86岁，其他幸存者即便年轻些，也都接近80岁。所以，从2016年起，侵华日军南京大屠杀遇难同胞纪念馆便不再邀请和组织幸存者赴日参加证言集会，而是会录制一些幸存者的口述视频，在日本证言集会现场等处播放。当然，有时也会邀请一些幸存者的后代前往参加证言集会。

自2000年11月夏淑琴开始在中国国内起诉日本右翼分子侵犯名誉权官司起，她不但在中国，在日本逐渐为更多的人所知晓，而且在其他一些国家也逐渐为人们所关注。2001年12月，她就曾接受邀请，与另外几位南京大屠杀幸存者一起，同赴美国旧金山参加证言集会。

旧金山（San Francisco），隶属美国加利福尼亚州，位于该州西海岸圣弗朗西斯科半岛。这里是世界著名的旅游胜地，也是世界最重要的高新技术研发基地，为该州人口第四大城市。

旧金山，还真和“金”有些联系。1769年西班牙人发现此地，1848年加入美联邦，19世纪这里是美国淘金热的中心地区，早期华人劳工移居美国后多居住于此，称之为“金山”，但直到在澳大利亚的墨尔本发现金矿后，为了与被称为“新金山”的墨尔本相区别，遂改称圣弗朗西斯科为“旧金山”。

正因为如此，旧金山的华人华裔就比较多，所以，夏淑琴老人虽然是首次来到这异乡之地，但仍然有一种亲近感，时时处处感受到他们的热情和友好。

在这里，夏淑琴老人出席多种集会或座谈会，讲述南京大屠杀那段历史，讲述自己家亲人的劫难遭遇，同时，也介绍日本右翼分子如何造谣污蔑她，说她是“假证人”，如今她已在南京法院起诉这些造谣者，自己有决心、有信心打赢这场维权官司，这既是要为幸存者讨回公道，也是要为中国人民争口气！

听众们对夏淑琴一家的悲惨遭遇深表同情，并坚决支持她起诉右翼分子，捍卫自己的名誉权，同时也纷纷表示要不忘中华民族的这段历史，期盼祖国进一步富裕和强大起来！

2001 年 12 月 10 日，朱成山、夏淑琴等一行在美国旧金山日本侵华浩劫纪念馆合影

2001 年 12 月 11 日，夏淑琴在美国旧金山“永不忘却——侵华日军南京大屠杀史实展”现场接受记者采访

夏淑琴相信一定能够胜诉的预言果然实现。她不但于 2006 年在中国南京起诉日本右翼分子获胜，而且于同年在日本东京起诉右翼分子，并于 2009 年获最终裁定胜诉。这起有影响的跨国获胜官司，使得夏淑琴不但在中国，在日本有了更大名声，而且也博得国际社会的进一步关注。你看，远在太平洋彼岸的美国某机构，就注意上了夏淑琴这位南京大屠杀的具有典型性的幸存者。

具体情况是这样的——

2016 年 10 月 20 日，经过前期的往来联系后，夏淑琴应美国南加州大学犹太大屠杀基金会邀请，以 87 岁的高龄在家属及侵华日军南京大屠杀遇难同胞纪念馆工作人员卢彦明的陪同下，赴美国洛杉矶市访问，参加由南加州大学犹太大屠杀基金会组织的“证言新维度”项目的采访拍摄活动。

对于南加州所属的加利福尼亚州来说，夏淑琴并不陌生，15 年前她就曾赴该州的旧金山市参加过证言集会。但对于南加州大学，她并不清楚。

南加州大学，也就是加利福尼亚大学（USC，University of Southern California），那可是鼎鼎有名。它创建于 1880 年，坐落于美国加利福尼亚州洛杉矶市，是美国西海岸最古老的顶尖私立研究型大学，也是世界著名高等学府，学校教职员和毕业生中曾有 9 位诺贝尔奖得主，与哈佛大学、斯坦福大学等一同名列全美学子十大梦校，多年来培养了众多人才。

这样一所著名大学，却怎么和只上过几年夜校的普通工人夏淑琴联系上呢?

原来南加州大学有个“犹太大屠杀基金会”，它是由知名导演史蒂文·斯皮尔伯格于1994年成立，致力于世界各地大屠杀的历史研究与史料保存工作。而侵华日军南京大屠杀这一骇人事件，自然就被该基金会所重视，并成为它进行世界各地大屠杀历史研究与史料保存的主要对象之一。有缘于此，从2012年起，该基金会便与侵华日军南京大屠杀遇难同胞纪念馆开展友好合作，此次夏淑琴的美国之行就是该合作项目的组成部分。

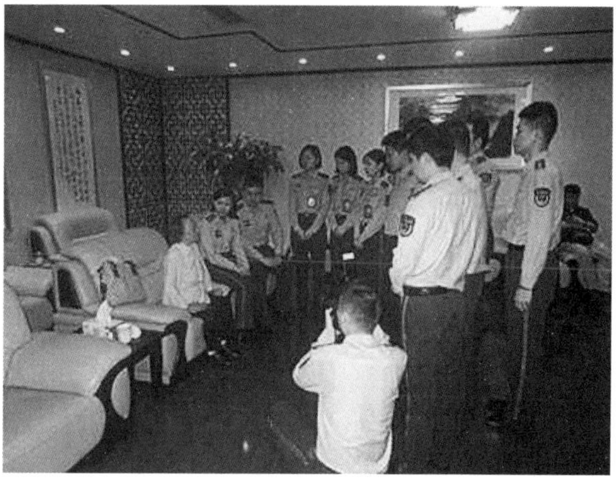

2016年10月20日，幸存者夏淑琴在南京禄口机场为执勤的武警官兵讲述日军南京大屠杀真相及其家庭劫难

在禄口机场候机时，夏淑琴老人为抽空围拢过来的十几位执勤武警官兵，讲述其亲历的南京大屠杀历史，并告知说，那时中国太弱了，所以日本侵略者就来打中国，现在我们国家强大了，就不容许任何侵略者再来欺负我们中国!

虽然夏淑琴已是第二次涉洋过海，但不远万里坐飞机去美国，航程需十几个小时，如此长时间，年纪轻者尚且觉着不自在，那么对87岁的老人家来说，就更不容易了。

不过飞机上乘务员热情周到的服务，陪伴人员细致入微的关心，以及远望舷窗外奇异变幻的朵朵白云，俯瞰机身下一望无际的浩瀚大海，也多少减缓了一些长途旅行的疲劳。

关于美国，对于曾去过一次的夏淑琴来说，到底还是朦朦胧胧。以前只知道那个国家很发达，并且感觉那里很遥远，很神秘。但没有想到，那里的一个大学里有友好人士，竟然也在用特殊方法为维护南京大屠杀的历史真相立证据，为大屠杀中的幸存者录证言，这可是有良知的一群好人啊!

由此，夏淑琴想起了约翰·马吉这位牧师，他不就是一位美国人吗?当年，马吉曾带着自己等几个人来到新路口5号，是自己给马吉指点自己家7口人，惨遭日军杀戮的不同地点和不忍眼看的惨状，是自己给马吉讲述自己和4岁的小妹妹，如何在家里躲过一劫并艰难生存下来的实际情况；记得马吉还当场进行了拍摄，这些记录后来都成为在东京和南京两地审判日本战犯的重要证据，也成为几年前自己在中国南京和日本东京打赢维权官司的有力证据。这次，自己有幸再次来到美国，来到马吉的故乡，也是一种缘分。想到这里，夏淑琴老人愈发感到此次出国的责任重大，自己要尽可能地配合好南加州大学的这些专家、好人，为南京大屠杀的历史真相，为自己亲人的所遭劫难，留下永久保存的准确无误的“证言”。

话说南加州大学的这个“犹太大屠杀基金会”，很重视对夏淑琴老人进行“证言新维度”的南京大屠杀口述史的录制工作。这次他们将利用美国最先进的高科技设备，在专业摄影棚的一个摄影室进行拍摄。那里有160多个摄像机机位，可以进行360度全方位拍摄。此次对夏淑琴老人进行南京大屠杀口述史的录制，将使用约110台摄像机，力求拍出最好效果，将发生在古老中国的这段人类共同的历史记忆得以更好地保存下来。

10月21日上午，即夏淑琴抵达美国后第二天，便不顾旅途劳顿和时差转换，兴致勃勃地在工作人员陪同下，参观此次录制证言使用的专业摄影棚，并向工作人员了解即将进行采访拍摄的基本程序。

“证言新维度”项目的正式采访拍摄活动，在洛杉矶当地时间10月24日开始，一直持续至10月28日，每天拍摄约两个半小时。其间既有对夏淑琴的口述录制，也有对其他大屠杀事件证人的口述录制。

当安排对夏淑琴的采访拍摄时，她看到有那么多台摄像机在上下左右地对着自己，开始时不免有点儿紧张，但很快平静下来。她想着，周围的摄像机，就如同被残杀的家里亲人的眼睛，就如同30万遇难同胞的眼睛，他们都在看着自己，并且鼓励自己，要勇敢地把家庭所遭遇劫难的史实，要如实地把南京大屠杀的真相说出来，要让世界上更多人们记住这段历史，不让任何别有用心的恶人为这段历史翻案！

当录制开始后，夏淑琴老人凝重而清晰地叙述了1937年12月13日那个永远无法忘记的黑暗日子。她说，日军南京大屠杀那年她才8岁，全家老小共9口人，本来是一个非常幸福的家庭；那天，所住院里突然闯入一伙日本兵，他们进门后当场杀死了她的父亲；接着日本兵又从她母亲的怀抱里抢出并狠狠摔死了她的1岁小妹妹；随后就轮奸和杀害了她的母亲，并连着枪杀了她年迈的外公、外婆；然后又轮奸和杀死了她16岁、14岁的两个姐姐，甚至还以卑劣的手段凌辱她大姐与母亲的尸体；当时因恐惧而大哭的她也被刺了3刀，当即昏迷了过去；就这样，一下子家里7口人就都被残暴的日本兵杀死了，同时院内邻居家的4口人也都被杀死了；侥幸的是她和她4岁的大妹活了下来，在屋里挨过饥饿、恐惧、孤独、寒冷的14天后方才被发现救出。她说，这些都是真真切切的事实，后来我还跟着美国人马吉回到院内、家里指认现场，他还拍摄了影像，这都是否定不了的证据。

夏淑琴老人叙述着这些不堪回首的悲惨往事，眼里已噙满泪水，但她硬是控制着没让它哗哗哗地流下来……

随着时间的流逝，南京大屠杀亲历者已越来越少，夏淑琴老人远赴美国录制证言，对于保存历史记忆具有重要意义。

夏淑琴老人在正式录制“证言新维度”的前后，还参加了一系列友好互动活动。

在洛杉矶访问期间，夏淑琴老人受到当地华人的热情欢迎。

夏淑琴（左一）在美国洛杉矶正式录制现场

10 月 23 日上午，洛杉矶华人社团在中国城伟博文化中心二楼大会议室，为夏淑琴老人举办欢迎仪式。在见面会上，老人说起那些不堪回首的往事，声音哽咽，不由得潸然泪下。她还特别对当年救助过她的美国人表示了感谢，并向现场来宾深深鞠躬。当地华人代表向夏淑琴老人送上一本荣誉书，上面写着“民族的勇士　历史的见证”。

洛杉矶当地华人代表在见面会上向夏淑琴老人致送荣誉书，“民族的勇士　历史的见证”

另外，在欢迎仪式上，洛杉矶华人社团人士还在现场合唱了抗战歌曲《长城谣》。《长城谣》是潘孑农、刘雪庵于 1937 年七七事变后在上海创作的歌曲，原是为华艺影片公司所拍摄的电影剧本《关山万里》所作的插曲，后该电影未能拍成，但《长城谣》这首歌却被广为传唱。它的歌词如下：

万里长城万里长，长城外面是故乡。
高粱肥，大豆香，遍地黄金少灾殃。
自从大难平地起，奸淫掳掠苦难当。
苦难当，奔他方，骨肉离散父母丧。
没齿难忘仇和恨，日夜只想回故乡。

大家拼命打回去，哪怕倭寇逞豪强。
万里长城万里长，长城外面是故乡。
四万万同胞心一条，新的长城万里长。
万里长城万里长，长城外面是故乡。
四万万同胞心一条，新的长城万里长。

这首歌的音乐苍凉悲壮，纯朴自然，感情深切而不缠绵，且兼有抒情和叙事的鲜明特点，听起来既亲切、优美，唱起来又口语化，很有民族特色。正是由于这首歌曲具有上述旋律、节奏及结构等方面的突出特点，又倾诉了人民被迫流浪的艰辛与苦难，从而激发起人民同仇敌忾、团结御侮的爱国热情，所以它能在抗战时期广为流传，成为经典的抗日救亡歌曲之一。

现在，在这样特殊的场合，重唱这首歌曲，深深地感染了在场所有人。那一字一句的歌词，那一高一低的音符，又把人们的思绪拉回到那烽火连天的艰难岁月，拉回到那中华儿女奋勇杀敌的抗日战场。看得出，伴随着在场的许多人击掌随唱，许多人的眼圈红了，抑制不住的泪水在眼圈里打转。

夏淑琴老人的心也被那既情深意切、如泣如诉，又回味悠长、激扬斗志的旋律与唱词所打动。她一会儿似在静静沉思，一会儿似翕动着嘴唇低吟，并不时地擦拭着湿润的双眼。

洛杉矶华人社团人士在现场合唱抗战歌曲《长城谣》

夏淑琴老人与亚美尼亚大屠杀幸存者阿利克桑先生交谈

23日下午，夏淑琴与来自世界各地的其他种族屠杀暴行幸存者见面并合影。期间，她与坐着轮椅的亚美尼亚大屠杀[1]幸存者阿利克桑先生（时年105岁）互致问候并亲切交谈。阿利克桑老人是当时少数依然健在的亚美尼亚大屠杀幸存者之一，已定居洛杉矶20余年。

在拍摄前后的空闲时间，夏淑琴老人也会被随行人员及当地友人带着出门走一走，看一看。此时她的心情会很轻松、开朗。那具有浓郁外国风情的建筑、雕塑，还有那匆匆来往的青年人或漫步街头的老人、嬉闹玩耍的小孩，这些看起来和南京的街头风景，似一样又似乎有许多的不一样。

在参观洛杉矶国际影城好莱坞时，夏淑琴老人站在星光大道的明星脚印上，开心地让大家给她拍张照做个留念，随行人员随即给老人家拍了一张。只见镜头中的87岁老人站得很直，丝毫不见佝偻之态。为了不让老人家走路太累，随行人员为老人准备了一辆轻便轮椅车。她坐在上边，在星光大道上兴致勃勃地边行边看。当看到地面上刻着中国导演吴宇森的名字及手印时，她还如同孩子般地伸出手同吴宇森的刻手印进行比画，这一幕也恰好被随行人员及时地拍照记录下来。

夏淑琴在好莱坞星光大道上伸手同中国导演吴宇森的刻手印比画

夏淑琴在洛杉矶好莱坞星光大道上的留影

① 亚美尼亚大屠杀是奥斯曼土耳其帝国在1915—1917年间对其辖境内亚美尼亚人基督徒进行的种族屠杀，其受害者数量达到150万之众，占当时亚美尼亚民族总人口的1/3以上。此屠杀行为没有被土耳其政府承认，但亚美尼亚、俄罗斯等国家皆认为这是一国政府蓄意进行的种族灭绝行为。

10月29日，夏淑琴老人结束了此次赴美国洛杉矶参加由南加州大学犹太大屠杀基金会组织的“证言新维度”项目的采访拍摄活动，安全地回到家乡南京。此行，她的心里很舒坦。以前自己作为幸存者、见证人，基本上只是在国内和日本叙述侵华日军南京大屠杀暴行，今天自己能够在美国，向世界上更多国家的人民揭露日军当年在南京所犯下的累累罪行，也向世界上更多国家的人民传递中国人民珍爱和平、远离战争的呼声。

夏淑琴老人知道，这次洛杉矶南加州大学犹太大屠杀基金会采集自己的全息影像证言视频，将在侵华日军南京大屠杀遇难同胞纪念馆内进行播放，向来自世界不同国家、不同肤色的各地参观者传播历史真相和对和平的祈望，这真是一件很有意义的事情！

第十章　揭幕“公祭鼎”

就在夏淑琴老人于2016年10月赴美国洛杉矶参加“证言新维度”之前两年，即2014年12月13日国家公祭日，她参加了中国首次南京大屠杀死难者国家公祭仪式。

南京大屠杀死难者国家公祭日是如何设立的，这还得从头说起。

在中国，“国家公祭日”自古就有，那时被称为“国祀”，是我们的先人精神文化生活中的大事。既是大事，所以历朝历代就特别重视“祭天、祭地、祭祖”这样的“国祀”，而它反映的恰是一个文明的成熟程度。通过它引起众人对一段重要历史的复原以及深深的回忆，这就被确立为一个或数个庄重的制度化的“公祭日”。

其实不只是在中国，在世界，特别是近代时期，也是如此。如为第二次世界大战的历史确定国家纪念日，以及设立国家公祭日，这也早已成为国际惯例。另如在第二次世界大战后，相关国家每年都会定期在波兰奥斯威辛集中营大屠杀纪念馆、俄罗斯卫国战争纪念馆、美国珍珠港事件纪念馆等处，隆重举行国家纪念与公祭活动。

实际上，观察世界上一些国家的“国家公祭”，虽然只有一天，但在公祭之后，仍在以多种不同方式，包括设立某个具体的纪念日，以此扩展和细化“国家公祭”的长远意义和丰富内涵，寄托今人哀思等。这样就在“国家公祭”之一日与持久发扬民族精神之间，架起一座心灵的桥梁，使得在历史与现实的沟通中，继续传承精神文化，这自然有利于国家的发展和民族的进步。

能以国家的名义进行“公祭”，那必须是具有特殊重要意义的重大历史事件。在现代的中国，能担当得起被国家公祭的，应当就是在侵华日军南京大屠杀事件中的死难者。在这次大屠杀事件中，有30万以上的南京人民被日军屠杀，这一事件无疑惨绝人寰，震惊中外。若以国家名义公祭这些死难者，将有多方面的重要意义。

中华人民共和国成立后，20世纪50年代在一些报纸和教科书中有提到南京大屠杀的地方，如《新华日报》就曾有30多篇关于日军南京屠杀的报道。至20世纪六七十年代，国内则鲜有提及，其中《人民日报》在1960年5月30日登出了《决不容许历史的惨剧重演 南京人民怒斥美日反动派》的文章。后到了1982年，媒体才又刊登关于南京屠杀的报道。随之，媒体关于南京大屠杀的报道多了起来，一些纪念南京遇难同胞的活动也逐渐增多。从1994年开始，江苏省、南京市每年都会在12月13号举行隆重的集体哀悼仪式，包括撞响和平钟、敬献花圈等，但这些都停留在地方层面。作为大屠杀幸存者的夏淑琴，也参加了这类纪念活动。

随着江苏省、南京市公祭遇难同胞活动的依例进行，人们也在思考如何进一步提升地方公祭的层次。其理由：一是南京大屠杀作为“国殇”，理应以国家的名义，对惨遭日本侵略者杀戮的死难同胞进行公祭；二是揭露日本侵略者的战争罪行，牢记侵略战争给中国人民和世界人民造成的深重灾难；三是宣示中国人民反对侵略战争、捍卫人类尊严、维护世界和平的坚定立场；四是铭记历史，激发全国人民爱国热情，积极努力建设社会主义现代化国家。

于是，在2005年3月的全国人大、政协两会上，全国政协常务委员，时任江苏省人大常委会副主任、民建江苏省委主任委员的赵龙，就联合了49名政协委员首次递交提案，建议把每年12月13日定为国家公祭日，每年逢此日在大屠杀遇难同胞遗址处举行公祭活动，并有国家领导人出席，社会各界人士、国际友人及外国政要参加。同时还建议把侵华日军南京大屠杀遇难同胞纪念馆升格为国家级纪念馆，并申报“世界文化遗产”。

2012年，与赵龙又一次将此提案提交到全国政协的同时，全国人大代表，时任民革江苏省委副主任委员、南京市政协副主席、南京艺术学院院长的邹建平，也向全国人大提交相同的提案。那段时间里，建议设立国家公祭日，成为全国两会上热议的话题。来自江苏的全国人大代表、政协委员一直在呼吁：在南京大屠杀遇难同胞祭日举行国家公祭。这一建议，之后也获得了积极推动。2012年年底，中共中央宣传部就这一建议的办理情况，向邹建平做了答复，建议江苏递交设“国家公祭日”的申请。

听闻有政协委员、人大代表提议将纪念南京大屠杀遇难同胞活动升格为国家层面，夏淑琴老人心情尤为激动，表示积极支持这样好的建议。如能实行，将可告慰包括自己家7位亲人在内的30万遇难同胞。

从赵龙首次提案算起，已历时9年。到2014年2月25日下午，第十二届全国人大常委会召开第七次会议，审议了全国人大常委会关于设立南京大屠杀死难者国家公祭日的决定草案。受委员长会议委托，全国人大常委会法工委主任李适时就决定草案向会议做了说明。2月27日，全国人大常委会第七次会议通过决定，将12月13日设立为南京大屠杀死难者国家公祭日。决定全文如下：

1937年12月13日，侵华日军在中国南京开始对我同胞实施长达四十多天惨绝人寰的大屠杀，制造了震惊中外的南京大屠杀惨案，三十多万人惨遭杀戮。这是人类文明史上灭绝人性的法西斯暴行。这一公然违反国际法的残暴行径，铁证如山，早有历史结论和法律定论。为了悼念南京大屠杀死难者和所有在日本帝国主义侵华战争期间惨遭日本侵略者杀戮的死难者，揭露日本侵略者的战争罪行，牢记侵略战争给中国人民和世界人民造成的深重灾难，表明中国人民反对侵略战争、捍卫人类尊严、维护世界和平的坚定立场，决定将12月13日设立为南京大屠杀死难者国家公祭日。每年12月13日国家举行公祭活动，悼念南京大屠杀死难者和所有在日本帝国主义侵华战争期间惨遭日本侵略者杀戮的死难者。[①]

设立国家公祭日的这个决定，它的意义太重大了！

众所周知，中国人民抗日战争的胜利为世界反法西斯战争的胜利作出了不可磨灭的历史贡献，而在这个胜利与贡献的背后，是付出巨大民族牺牲的中国人民艰苦卓绝的14年抗战。在所付出的巨大民族牺牲中，就有30万以上南京市民被日军极端残忍暴虐地屠杀。如今决定以国家名义对大屠杀死难者进行正式纪念与公祭，它体现了中国人对自己亲爱同胞的记忆、缅怀，有利于对国人应有的正确历史价值观的培养；它是中国人为世界所保留的一份具有警示作用的珍贵遗产，可促使人类历史记忆长久存在，从而避免出现不应有的哪怕是片刻的忘却与麻木；它提示中国人民以及世界人民，共同以史为鉴、开创未来，致力于维护世界和平及正义良知，促进人类社会的共同发展和时代进步。

得知国家公祭日已正式由全国人大常委会做出设立决定，夏淑琴老人的心里十分激动，也很宽慰。她想：以国家名义公祭大屠杀死难者，这说明国家对这段历史的重视，是顺乎民意，是要人们不要忘记它；也说明国家对大屠杀死难者的尊重，而在死难者中就有自己的家人，更有千千万万的同胞。这些年来，自己为捍卫名誉权，为维护南京大屠杀的历史真相，一直坚持与否定南京大屠杀历史的日本右翼势力做斗争，并且打赢了维权官司。如今公祭日的设立，对我们揭穿日本右翼势力的谎言，捍卫历史的公平与正义，一定具有支持与激励的作用。尽管自己的年龄也大了，但只要身体允许，就要坚持告诉人们历史真相，就要坚持同日本右翼分子斗下去，就要坚持参加对死难者的国家公祭活动！

① 朱成山、朱同芳主编：《国家公祭——解读南京大屠杀死难者国家公祭日资料集①》，南京出版社2014年版，第3页。

夏淑琴不仅这么想，而且也向记者这么表达。2月25日，即全国人大常委会第7次会议通过设立国家公祭日的第二天，她在参加侵华日军南京大屠杀遇难同胞纪念馆召开的南京社会各界人士就设立国家公祭日进行座谈的会议上，颤抖着手，情绪有些激愤地告诉记者：在大屠杀中遇难的30万同胞是无辜的，死了这么多的人，为什么日本右翼分子到现在还不敢承认？她稍稍平息下心情，接着说：知道决定设立国家公祭日的消息，自己感到非常高兴。我到日本去了五六趟，将捍卫名誉权的官司打赢了，但是辱骂我是“假证人”的日本右翼分子不敢出庭见我，他心虚吗，害怕了！以后世界上的人都会知道在侵华日军南京大屠杀遇难同胞纪念馆，每年都要在12月13日这天举行的国家公祭活动。[①]

就在这次座谈会上，长期研究南京大屠杀史的著名专家、江苏省社会科学院孙宅巍研究员，也发表了重要见解，认为“国家公祭日”的设立十分必要，而且意义重大。他说，对30万死难者而言，举行国家公祭是与这一惨案的规模最相适应的，也是对30万亡灵的最高祭奠和告慰，不光使人寄托哀思，还能警示后人，勿忘国耻，发愤图强；另一方面，设立“国家公祭日”是中华民族对日本军国主义最严厉的谴责，也是对日本右翼势力否认历史、妄图为军国主义招魂的有力回击，使警钟长鸣，警惕日本军国主义死灰复燃，这更能激发人们的爱国热情。[②]

自全国人大常委会决定设立国家公祭日后不久，中国人年年祭祖的清明节就到了。2014年的清明节，是既平常又不寻常。本来侵华日军南京大屠杀遇难同胞纪念馆每年都要组织民间的悼念活动，已成惯例。但今年却不同以往，因为这是决定设立国家公祭日后的第一个清明节。所以这天，在温煦春风的吹拂下，有部分南京大屠杀幸存者和死难者遗属、众多市民和日本友好人士，照例齐聚在侵华日军南京大屠杀遇难同胞纪念馆遇难同胞名单墙的广场前，参加一年一度的“清明祭”活动，但参加人数明显要比往年多得多，一束一束的鲜花敬献在名单墙前，空气中溢散着淡淡的清香。虽然前来祭奠的人们脸上仍现凝重之色，但似乎又难掩心头的快慰。

不出所料，85岁的夏淑琴老人在亲属的陪伴下，也出现在众多的祭奠人群中。她是每年必到的幸存者，今年也一定要亲自在遇难同胞名单墙前，追悼在那场浩劫中惨遭杀害的7位亲人的亡灵。她在现场说出自己的心里话：“今年活动扩展（指国家公祭决定并扩展），心里无比愉快，但回忆从前，也十分难过，盼望让下一代记住历史。”[③]

---

① 参见朱成山、朱同芳主编：《国家公祭——解读南京大屠杀死难者国家公祭日资料集①》，南京出版社2014年版，第102页。

② 于英杰：《国家公祭是对死难者的最高祭奠》，《扬子晚报》2014年2月27日A3版。

③ 朱成山、李慧著：《从城祭到国祭》，江苏人民出版社2018年版，第43页。

2014年9月1日，南京大屠杀死难者遗属代表夏淑琴及其女儿张学萍、外孙女夏媛出席新闻发布会

为配合南京大屠杀死难者公祭仪式准备工作的开展，2014年7月6日，由朱成山、朱同芳主编的南京大屠杀死难者国家公祭日系列丛书第一册，在侵华日军南京大屠杀遇难同胞纪念馆举行首发式。其中收录了决定设立国家公祭日、胜利纪念日后，国内外新闻媒体所刊登的大量报道及评论，表达了中外社会各界知名人士对中国设立公祭日决定的支持和拥护。夏淑琴老人及家人还欣喜地接受了《国家公祭》第一册的赠书。

9月1日，举行“南京大屠杀遗属名录登记阶段性成果新闻发布会”。之前侵华日军南京大屠杀遇难同胞纪念馆已启动“南京大屠杀死难者遗属登记工作”，后拨打热线或到现场进行登记的市民络绎不绝。至9月初，已有272个家庭共计1513名死难者遗属进行登记，其中不仅有来自江苏省南京市的，还有外省市甚至国外的遗属也纷纷拨打热线电话进行问询及登记。作为大屠杀死难者遗属代表的夏淑琴老人及其女儿张学萍、外孙女夏媛出席了新闻发布会。①

9月2日，为让更多人方便了解、查阅首个国家公祭日的情况，由侵华日军南京大屠杀遇难同胞纪念馆和新华网共同筹建，可使用中、英、日三种语言版本的国家公祭网手机客户端上线。同日，还举行了隆重的新闻发布会。夏淑琴老人与她的外孙女夏媛出席发布会。在会上，夏媛代她外婆发言，祝贺公祭网手机端上线成功，认为这样的形式会吸引很多年轻人登录这个网，有利于扩大国家公祭的宣传活动。夏淑琴老人还举起手机，向大家展示国家公祭网手机客户端，表示自己也可以在家人的帮助下上网浏览信息。

9月17日，侵华日军南京大屠杀遇难同胞纪念馆和南京大屠杀史研究会口述史分会，共同举办了“100位南京大屠杀幸存者口述证言公布新闻发布会”。自当天起，每天在国家公祭网纪念馆官方网站上，公布一位南京大屠杀幸存者口述证言，连续

---

① 参见朱成山、朱同芳主编：《国家公祭——解读南京大屠杀死难者国家公祭日资料集②》，南京出版社2015年版，第39页。

2014年9月2日，夏淑琴外孙女夏媛在国家公祭网手机客户端上线新闻发布会上发言

2014年9月2日，南京大屠杀遗属代表夏淑琴在发布会现场展示国家公祭网手机客户端

2014年9月17日，南京大屠杀幸存者夏淑琴在网页点击自己的证言资料

100天，共公布100位幸存者证言。第一位公布的就是南京大屠杀幸存者夏淑琴的证言。[①]她的家庭9口人中，竟有7口人被杀害，上至七十几岁的外公外婆及她的父亲遇难，下至1岁的小妹妹遭戮，其中还有她的母亲及两个姐姐被轮奸后残害。其家庭遽然死难者人数之多，以及死难情状之惨烈，为南京大屠杀死难者众多家庭之罕见；而仅8岁的夏淑琴及4岁的妹妹艰难活下来，就是历史的见证，并且还有美国牧师约翰·马吉后来在死难现场的摄影留证。在今天的幸存者口述证言新闻发布会上，夏淑琴凝重地点击网站上自己的口述证言资料。

12月1日，侵华日军南京大屠杀遇难同胞纪念馆启动了南京大屠杀死难者遗属家庭祭告活动，该项活动至12月20日结束。当天，南京大屠杀遗属代表夏淑琴及其子女，向在大屠杀中遇难的亲人敬香并献花，夏淑琴老人的家属代表全家诵读了祭文。

另外，在中国设立南京大屠杀死难者国家公祭日后，世界上也有一些国家中的某个地区，专门设立纪念日，以纪念南京大屠杀中的死难者。2017年10月26日，加拿大安大略省议会经过辩论和投票，就通过了有关“设立南京大屠杀纪念日”的动议。

① 参见朱成山、朱同芳主编：《国家公祭——解读南京大屠杀死难者国家公祭日资料集②》，南京出版社2015年版，第53页。

这个省成为西方国家中首个省议会通过有关“设立南京大屠杀纪念日”动议的地区。此后一天，加拿大曼尼托巴省议会也通过了把每年12月13日设为该省“南京大屠杀纪念日”的议案。在这些国家中设立南京大屠杀纪念日，想必也是受到了中国设立死难者公祭日的影响吧。

伴随着国家公祭日的设立，南京大屠杀档案世界记忆遗产的申请工作，也在积极准备过程中。2014年，在经过充分的准备后，中国正式向联合国教科文组织世界记忆遗产秘书处，递交了把《南京大屠杀档案》列入世界记忆遗产的申请。它的目的就是要牢记历史，珍爱和平，捍卫人类的尊严。这份档案由三部分组成：一是关于1937年至1938年的大屠杀事件资料；二是关于1945年至1947年中华民国政府军事法庭在战后调查和审判战犯的文件；三是1952年至1956年中华人民共和国司法机构的文件。这些资料与文件分为纸质、照片、胶片三类，既有单件档案，又有全宗。它的翔实、严谨与结论，谁也否认、推翻不了。

后经严格评审，2015年10月9日，联合国教科文组织宣布，世界记忆工程国际咨询委员会第12次会议决定：中国申报的侵华日军南京大屠杀档案正式列入《世界记忆名录》。

将系统、翔实的侵华日军南京大屠杀档案列入《世界记忆名录》，这表明南京大屠杀事件，不但是中国人民要永远记住的历史事件，而且也是世界人民要永远记住的历史事件。记住它，推动世界文明进步！记住它，珍爱来之不易的和平！记住它，永远远离战争！

这份被列入《世界记忆名录》的南京大屠杀历史档案中，就有幸存者夏淑琴一家在1937年12月13日那天，有7口人被日军残杀或被强奸后残杀并被虐尸的历史事实及其证言材料，包括美国牧师约翰·马吉16毫米摄影机及其胶片母片、南京大屠杀案市民呈文等。

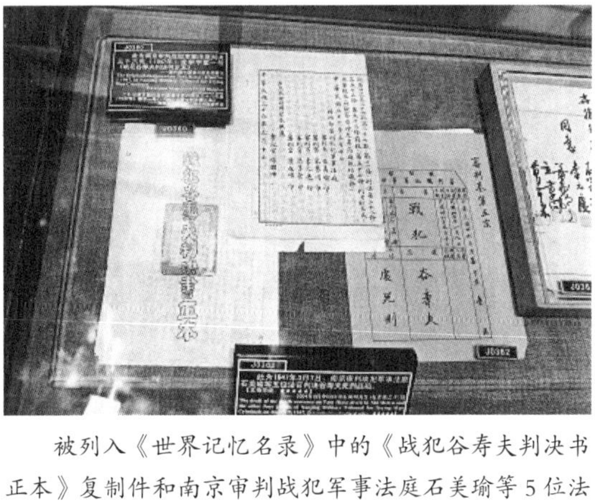

被列入《世界记忆名录》中的《战犯谷寿夫判决书正本》复制件和南京审判战犯军事法庭石美瑜等5位法官判决谷寿夫死刑的底稿

自南京大屠杀死难者国家公祭日决定设立后，各方面的准备工作依序而扎实地开展。随着春去夏至，秋隐冬来，首个国家公祭日一大天临近，夏淑琴老人也盼望着这一天能快些到来。进入10月，离公祭日大约还有两个月左右，有关方面正式通知她，在公祭仪式上，她作为南京大屠杀幸存者代表，将和国家领导人一起共同揭幕“公祭鼎”。得知这个消息，她按捺不住激动，知道这是组织上对她的关怀和信任。于是，她盼啊盼，盼着国家公祭日能早点到来。

就这样，时间在夏淑琴老人的期盼中一天接一天流逝，转眼间就到了 12 月份。12 月 5 日，按照中共南京市委国家公祭领导小组的统一部署，公祭仪式运行中心进行第三次现场演练。即将在公祭仪式上与国家领导人一起为公祭鼎揭幕的夏淑琴老人与少先队员阮泽宇，也参加了这次演练，这一老一少按照要求，认真地做好每一个动作，为的是几天后在正式的揭幕仪式上保证不出一丁点差错。

根据纪念馆的周到安排，在 12 月 12 日这一天，夏淑琴老人就由她的女儿陪同，提前住到纪念馆附近的酒店里。当晚，她更是激动得久久不能入睡，想着明天自己怎么样才能够顺利做好和国家领导人一起为公祭鼎揭幕的重大事情，到时自己一定要抑制住激动的心情，也一定要控制住悲伤的心情。要知道，揭幕时中国和外国不知有多少人正通过电视直播在注视着国家领导人和自己的一举一动呢！

2014 年 12 月 13 日，中共中央、全国人大常委会、国务院、全国政协、中央军委在南京隆重举行南京大屠杀死难者国家公祭仪式。

中共中央政治局常委、全国人大常委会委员长张德江主持公祭仪式。

公祭仪式在侵华日军南京大屠杀遇难同胞纪念馆举行。纪念馆集会广场布置得庄严肃穆。现场国旗下半旗。广场西侧巨大的“灾难墙”，灰黑的底色映衬着“南京大屠杀死难者国家公祭仪式”14 个白色大字。1 万名各界代表胸前佩戴白花，静静地肃立在广场。

夏淑琴老人今天起得特别早，或者说就没怎么睡着。用过早餐后，即被工作人员接到纪念馆休息室，在公祭仪式开始前，再被引导到仪式现场前排相关位置。虽然寒风阵阵袭来，但她并不觉得冷。

在 2014 年 12 月 13 日公祭仪式上，16 名礼兵抬起 8 个巨大的花圈，缓步走上公祭台

9时56分，中共中央总书记、国家主席、中央军委主席习近平等党和国家领导人步入现场，站立在群众方阵前。18 名中国人民解放军三军仪仗兵齐步行进至公祭台两侧，持枪伫立。

10 时整，公祭仪式开始。军乐团奏响《义勇军进行曲》，全场高唱中华人民共和国国歌，嘹亮的歌声响彻云霄。国歌唱毕，全场向南京大屠杀死难者默哀。公祭现场拉响了防空警报。同一时间，南京全城警报响起，汽车、火车、轮船汽笛齐鸣。

默哀持续 1 分钟。军乐团奏响低回空灵的《安魂曲》，16 名礼兵抬起 8 个巨大的花圈，缓步走上公祭台，将花圈安放在“灾难墙”前。[1]

接着，77 名南京市青少年饱含深情地宣读《和平宣言》：

巍巍金陵，滔滔大江，钟山花雨，千秋芬芳。
一九三七，祸从天降，一二一三，古城沦丧。
侵华倭寇，掳掠烧杀，横尸遍野，血染长江。
三十余万，生灵涂炭，炼狱六周，哀哉国殇。
举世震惊，九州同悼，雪松纪念，寒梅怒放。
亘古浩劫，文明罹难，百年悲叹，警钟鸣响。
积贫积弱，山河蒙羞，内忧外患，国破家亡。
民族觉醒，独立解放，改革振兴，国运日昌。
前事不忘，后事之师，殷忧启圣，多难兴邦。
七十七载，青史昭彰，生生不息，山高水长。
二零一四，国家公祭，中外人士，齐聚广场。
白花致哀，庄严肃穆，丹忱抒写，和平诗章。
大道之行，天下为公，大德曰生，和气致祥。
和平发展，时代主题，民族复兴，世代梦想。
龙盘虎踞，彝训鼎铭，继往开来，永志不忘。[2]

这篇由著名诗人冯亦同所撰写的《和平宣言》，发出了南京人民及全体中国人民对和平的追求与呼唤；它以诗歌的形式，彰显了南京深蕴的历史文化特色，也呼应着今天国家公祭仪式这样庄重的场合。

随后，习近平搀扶着南京大屠杀幸存者代表、85 岁的夏淑琴一同缓步走上公祭台，为公祭鼎揭幕。一起走上公祭台参加揭幕的还有 13 岁的阮泽宇，他的祖辈也是惨死在日军的屠刀之下。随着习近平、夏淑琴、阮泽宇共同拉动黑色丝带，覆盖在公祭鼎

---

① 参见霍小光、蔡玉高：《南京大屠杀死难者国家公祭仪式隆重举行 习近平出席》，《人民日报》2014 年 12 月 14 日。

② 朱成山、李慧著：《从城祭到国祭》，江苏人民出版社 2018 年版，第 295 页。

公祭鼎

上的幕布徐徐落下。

在揭幕的整个过程中，夏淑琴老人脚步踏实，身板挺直，内心激动，表情凝重。她知道：在如此庄重的公祭仪式上，和党的总书记、国家主席、中央军委主席习近平，及另外一位还系着红领巾的小学生一起，为公祭鼎揭幕，这可不是代表自己一个人的事情，它是许许多多的幸存者对自己的信任和嘱托，也是全国人民对自己的信任和嘱托。此时此刻，在中国，在世界，可是有亿万人正在观看这一国家公祭仪式呢！刹那间，她脑海里还是不由自主地闪过家里遭残害的 7 口人的熟悉面孔：那是自己的爸爸妈妈，那是自己的外公外婆，那是自己的姐姐妹妹，似乎还有数不清的模模糊糊的被杀害者的影像……

当幕布揭开，上刻“国家公祭鼎”五个篆体鎏金大字的深古铜色公祭鼎，以沉稳、庄重、大气的造型展现在人们面前。

古人以鼎记事，今人铸鼎铭史。这尊高 1.65 米、重 2014 公斤的三足圆形铜鼎，是为了纪念南京大屠杀死难者、化学武器死难者、细菌战死难者、劳工死难者、慰安妇死难者、三光作战死难者、无差别轰炸死难者而建造。而其中的南京大屠杀，一定是日本帝国主义侵华诸多暴行中最集中、最典型、最有代表性的一例，它给中华民族的历史带来巨大的创伤，是中国人永远无法忘记的历史之痛。

鼎在中国传统中是国家重器，是国家政权的象征，也是祭祀时重要的祭器和礼器。如今是要以中共中央、全国人大常委会、国务院、全国政协、中央军委的名义，为南京大屠杀死难者举行国家公祭仪式，那么使用鼎来纪念这一具有历史意义的事件，自然会有利于突出祭祀主题，体现国家礼仪，营造庄重氛围。因此，设计和制造公祭鼎，就是一件有重要意义并十分慎重的事情。

据报道，为设计和制作国家公祭鼎，侵华日军南京大屠杀遇难同胞纪念馆曾召集国内专家座谈，并征求了著名建筑设计大师齐康、何镜堂院士的意见。随之组织中国金陵古艺术青铜研究所、南京艺术学院设计学院、东南大学建筑工业学院等有关专家实地考察，反复研讨，精心设计，先后数易设计稿，形成了最终方案。即确定公祭鼎采用“三足两耳”器型，以安徽寿县出土的东周时期用来祭祀的礼器、最大的圆鼎“楚大鼎”为原型，按等比例放大铸造。这样的造型既保存了古代青铜器的古朴之美，又在观感上显得更加壮观宏伟，且与纪念馆现有的纪念碑、和平大钟、灾难墙等其他纪念物和谐一致。

公祭鼎既是以纪念南京大屠杀死难者为主题，那么在设计中就自然少不了南京元素。鼎身纹饰，以南京的市花梅花、常见绿色植物的枝叶及橄榄枝等为图案元素，象征着绿色和平、生命重生；铜质底座部分采用南京标志建筑城墙的图案。另外，鼎颈部纹饰为传统雷纹，鼎足上端采用犀角纹，足下端为象腿足形，两足在前，一足在后，圆睛张目，粗犷有力，象征中华民族在历史记忆中觉醒，为实现中华民族伟大复兴的中国梦而努力。鼎的重量也蕴含深意：铜质的鼎身和底座重 2014 公斤，石质的底座重 1213 公斤，象征 2014 年 12 月 13 日，首次在南京对南京大屠杀死难者进行国家公祭。最后，公祭鼎由中国金陵古艺术研究所采用传统青铜铸造工艺，予以精湛制作。

在制作成的国家公祭鼎上，后侧左右两边铸有 287 个汉字，楷体简体字，详细记载了全国人大常委会立法设立国家公祭日和首次举行国家公祭仪式的事实。正面铸有由古文研究专家撰写的 160 字铭文，魏碑简体字。铭文描述了南京大屠杀给中华民族造成的巨大灾难，展现了对遇难同胞的痛悼和祭奠，回顾了南京大屠杀激发全民抗战，中国人民最终取得胜利的历程，表达了铭记历史、警示未来，维护和平、圆梦中华的坚强意志和决心。文虽简约，但对仗押韵，立意深刻、语词铿锵，文势磅礴，既体现了历史和文化的厚重感，又增强了公祭的感染力和震撼力。公祭鼎铭文内容如下：

泱泱华夏，赫赫文明。仁风远播，大化周行。
洎及近代，积弱积贫。九原板荡，百载陆沉。
侵华日寇，毁吾南京。劫掠黎庶，屠戮苍生。
卅万亡灵，饮恨江城。日月惨淡，寰宇震惊。
兽行暴虐，旷世未闻。同胞何辜，国难正殷。
哀兵奋起，金戈鼍鼓。兄弟同心，共御外侮。
捐躯洒血，浩气干云。尽扫狼烟，重振乾坤。
乙酉既捷，家国维新。昭昭前事，惕惕后人。
国行公祭，法立典章。铸兹宝鼎，祀我国殇。
永矢弗谖，祈愿和平。中华圆梦，民族复兴。[①]

① 朱成山、朱同芳主编：《国家公祭——解读南京大屠杀死难者国家公祭日资料集②》，南京出版社 2015 年版，第 7 页。

国家公祭鼎，作为首次国家公祭仪式的见证者，将永久设立在侵华日军南京大屠杀遇难同胞纪念馆集会广场上。

揭幕公祭鼎之后，中共中央总书记、国家主席、中央军委主席习近平发表重要讲话。

习近平在讲话中表示，今天，我们在这里隆重举行南京大屠杀死难者国家公祭仪式，缅怀南京大屠杀的无辜死难者，缅怀所有惨遭日本侵略者杀戮的死难同胞，缅怀为中国人民抗日战争胜利献出生命的革命先烈和民族英雄，表达中国人民坚定不移走和平发展道路的崇高愿望，宣示中国人民牢记历史、不忘过去，珍爱和平、开创未来的坚定立场。

习近平指出，日本侵略者制造的南京大屠杀惨案震惊了世界，震惊了一切有良知的人们。第二次世界大战胜利后，远东国际军事法庭和中国审判战犯军事法庭，都对南京大屠杀惨案进行调查并从法律上作出定性和定论，一批手上沾满中国人民鲜血的日本战犯受到了法律和正义的审判与严惩，被永远钉在了历史的耻辱柱上。历史不会因时代变迁而改变，事实也不会因巧舌抵赖而消失。

习近平强调，我们为南京大屠杀死难者举行公祭仪式，是要唤起每一个善良的人民对和平的向往和坚守，而不是要延续仇恨。中日两国人民应该世代友好下去，以史为鉴、面向未来，共同为人类和平作出贡献。忘记历史就意味着背叛，否认罪责就意味着重犯。一切罔顾侵略战争历史的态度，一切美化侵略战争性质的言论，不论说了多少遍，不论说得多么冠冕堂皇，都是对人类和平和正义的危害。对这些错误言行，爱好和平与正义的人们必须高度警惕、坚决反对。

习近平指出，此时此刻，我们要告慰所有在南京大屠杀惨案中不幸罹难的同胞们，告慰所有在日本侵华战争中不幸死难的同胞们，告慰所有在近代以来中国抗击外来侵略中英勇牺牲的同胞们，告慰所有在为争取民族独立、人民解放和国家富强、人民幸福的伟大斗争中英勇献身的同胞们：今天的中国，已经成为一个具有保卫人民和平生活坚强能力的伟大国家，中华民族任人宰割、饱受欺凌的时代已经一去不复返了，中国人民正在意气风发地沿着中国特色社会主义道路，为实现“两个一百年”奋斗目标、实现中华民族伟大复兴的中国梦而奋斗。中华民族的发展前景无比光明。

习近平强调，此时此刻，中国人民也要庄严昭告国际社会：今天的中国，是世界和平的坚决倡导者和有力捍卫者，中国人民将坚定不移维护人类和平与发展的崇高事业，愿同各国人民真诚团结起来，为建设一个持久和平、共同繁荣的世界而携手努力。①

① 霍小光、蔡玉高：《南京大屠杀死难者国家公祭仪式隆重举行 习近平出席》，《人民日报》2014年12月14日。

在习近平讲话的过程中，夏淑琴老人静静地听着。对死难同胞的哀悼，对侵略行径的谴责、对历史真相的维护，对世界和平的追求，对中国发展愿景的描画，她感觉习总书记说出了自己的心里话，也说出了大家的心里话，是字字句句都说到自己的心坎里去了。

在习近平总书记讲话之后，有6位社会各界人士代表，有力地共同撞响"和平大钟"。随着深沉悠远钟声的响起，3000只和平鸽竞相展翅，盘旋着飞向纪念馆上空，飞向古城南京的上空，这寄托着对30万大屠杀死难者的深深追思，寓意着中国人民对和平的向往和追求，表现着中华儿女建设伟大祖国的雄心壮志。

公祭仪式后，习近平等党和国家领导人及各界代表走进纪念馆展厅，参观"人类的浩劫——侵华日军南京大屠杀史实展"。习近平等仔细观看，并不时驻足，向陪同参观的纪念馆馆长朱成山等，详细了解有关情况。在这个史实展中，就有夏淑琴亲人被害、夏淑琴被刺受伤、夏淑琴获胜维权官司的照片、资料等。参观结束时，习近平、张德江在签字簿上签名。随后，习近平等又亲切会见了参加仪式的南京大屠杀幸存者代表和遇难者遗属代表。夏淑琴老人也在被会见之列。

关于这次会见情况，新华社记者作了这样的报道：

> 11点35分，参观结束后，总书记步入后厅，接见南京大屠杀幸存者及遗属代表。考虑到时间紧张，原本工作人员只安排了幸存者夏淑琴和老兵代表李高山与总书记交流，但总书记与19位幸存者和遗属代表一一握手，逐一交谈，询问他们年龄多大了，当年家属和个人是如何受难的。他对大家说："现在南京大屠杀受难者、亲历者，还在的就100多人了，你们当年见证了这段重要的历史，这样一段苦难的历史不能忘记啊。"
>
> 会见结束前，总书记反复叮嘱老人们要保重身体，希望他们用亲身经历教育后代，强调只有不忘苦难的历史，才能珍视和平、捍卫和平。
>
> 85岁的幸存者夏淑琴当天同总书记一起为国家公祭鼎揭幕，随后又与总书记会面。夏淑琴说："总书记询问我当年多大年纪，听我讲述受难历史，还非常关心地问了我与日本右翼打官司的情况。"①

公祭仪式结束后，与习近平总书记一起为国家公祭鼎揭幕的夏淑琴老人，自然成为众多记者们采访的对象。

---

① 朱成山、李慧著：《从城祭到国祭》，江苏人民出版社2018年版，第304—305页。

她深情地对记者们说：“我活了80多岁，还从来没有像今天这么激动过。”“能与总书记一起揭幕公祭鼎，能亲眼看到国家这么隆重地举行公祭仪式，我真的非常激动。”

她真情地告诉记者：“想到要参加公祭仪式，昨晚我就一直睡不着，真的从来没有像今天这么激动过。”

她还动情地感慨表示：“国家强大了，百姓再也不遭苦了。”“国家举行公祭仪式，是对死难亲人、同胞最好的慰藉，希望后辈们都能记住历史，坚决不能让历史重演。”[①]

夏淑琴老人在说着这些的时候，眼睛里还闪动着泪花，这或是激动的泪花，又或是思念亲人的泪花……

中国首次举行南京大屠杀死难者国家公祭仪式，习近平总书记在公祭仪式发表重要讲话，这在社会各界引起热烈反响。12月14日上午，江苏省暨南京市在侵华日军南京大屠杀遇难同胞纪念馆召开社会各界座谈会，共议国家公祭与习近平总书记讲话的重大意义。在座谈会上，夏淑琴老人回忆起参加国家公祭仪式并与习总书记一起为国家公祭鼎揭幕的情况，连声说，作为南京大屠杀幸存者代表参加国家公祭仪式，既激动又感动。她能感到国家对老百姓的关爱，这也是国家对在南京大屠杀中被日本人杀害的死者的尊重和爱护！更没有想到的是，她还可以与习总书记一起为国家公祭鼎揭幕。习总书记还十分关切，要她们保重身体。这是她参加过的历次纪念活动中最难忘的一次经历。今后，她要一如既往地讲，讲她自己的亲身经历，告诉日本人以及全世界上的人：南京大屠杀是真的历史，真的假不了，假的真不了！[②]

自2014年12月13日，首次举行南京大屠杀死难者国家公祭仪式后，“国家公祭”便成为定例。每年这一天，都要在侵华日军南京大屠杀遇难同胞纪念馆集会广场隆重举行国家公祭仪式，祭奠30万遇难同胞。每次都有国家领导人出席，有社会各界代表及大屠杀幸存者及死难者遗属代表出席。举行悼念仪式，鸣响警报，宣读《和平宣言》，放飞和平鸽，撞响和平大钟，参观大屠杀史料展，以及举行其他有特色的系列悼念活动，这些都成为每年国家公祭日活动的重要部分。另外，为保障国家公祭的顺利正常进行，南京市还出台了《南京市国家公祭保障条例》，自2018年12月13日起施行。这是首部国家公祭地方法规。《条例》对举行悼念活动或参观国家公祭设施等事项，做了详细规定。

在2015年12月13日的国家公祭日，已是86岁的夏淑琴老人，仍不顾年迈参加完整个公祭仪式。她告诉记者，这虽是她第二次参加公祭仪式，心情依然非常沉重；

---

① 蔡玉高、蒋芳著：《国家公祭：你应该关注的八个问题》，南京出版社2014年版，第176—178页。

② 朱成山、李慧著：《从城祭到国祭》，江苏人民出版社2018年版，第309—310页。

那时自己家7口人被日军杀害，她也被日军刺了3刀，侥幸活了下来；大屠杀事件虽然已经过去78年，但是那段历史却永远不能忘记。她希望在自己的有生之年，继续通过自己的努力，让全世界都知道日本人在南京做下的那些惨无人道的事情，让我们的子子孙孙永远地生活在和平年代！

夏淑琴老人这些心愿集中地表达在2016年国家公祭前夕的12月3日，她写给遇难亲人的一封家书中：

每年的十二月份，南京城的上空总会飘落起丝丝小雨，冰冷的雨水伴随着刺骨的寒风让每个人的心里生出一种莫名的悲伤与忧愁，我知道，那一定是上天为你们而流的眼泪。

外公外婆、爸爸妈妈、姐姐和小妹们，你们好吗？多少次在梦里与你们相遇，我多么渴望再吃一串外公外婆给我买的糖葫芦；我多么渴望再次聆听爸爸妈妈的声音，哪怕是爸爸您对我严厉的训斥声；与姐妹们互相打闹嬉戏的声音似乎还飘荡在耳边，无尽的思念只是为了将心中残存的记忆保留的更多一点、更久一点……为什么？为什么那个叫"军国主义"的魔鬼要将这个温暖的大家庭瞬间摧毁？失去了亲人的疼爱，失去了童年的欢笑，作为孤儿的我只能在这面冰冷的"哭墙"上感受你们的存在。

外公外婆、爸爸妈妈、姐姐和小妹们，我想你们！请放心，我最爱的亲人们，现在的我生活得很好，子孙满堂其乐融融。我很骄傲，因为我是战后第一位踏上日本国土，控诉南京大屠杀暴行的幸存者；我很自豪，因为控告日本右翼名誉侵权八年后终于获得了胜诉。即使悲伤的泪水将我的眼睛哭坏、即使岁月的沧桑让我的听力减退，但是我不怕，只要还活着，我就要将这段亲身经历讲述给每个中国人听，让他们知道"弱国就要挨打"的道理；我还要讲给更多的日本人听，让祖辈的教训不再重演，让和平的种子在他们心中播撒。看，从今年（应指2014年，作者注）起，每年的12月13日国家都要为你们在内的南京大屠杀死难者举行国家公祭。听，79周年的和平警钟即将敲响！今天的中国早已昂首挺胸，蒸蒸日上，我们的民族扬眉吐气，复兴之路的道路上我们定将任重而道远！

外公外婆、爸爸妈妈、姐姐和小妹们，请安息吧！希望你们那里的冬天少一点寒冷，和煦的阳光将照耀在每个人的心上！[①]

① 张建军、朱同芳主编：《国家公祭——解读南京大屠杀死难者国家公祭日资料集④》，南京出版社2017年版，第129页。

夏淑琴老人在致遇难亲人的家书中所表达的心愿，既是代表了她自己的心愿，其实也表达了所有大屠杀幸存者的共同心声。

之后每年，夏淑琴老人作为大屠杀幸存者代表，都受邀参加公祭仪式，追念失去的亲人与 30 万遇难同胞，表达对和平的向往与期盼。

第十一章　晚年天伦乐

夏淑琴老人晚年过着幸福的生活，这一方面是随着国家的改革开放，经济发展越来越好，人民生活水平普遍地不断得到显著提高，她的退休工资也相应地逐渐增加，已可较好地满足自己的生活需要；另一方面随着儿子张学宁早就参加工作外，大女儿张学萍、二女儿张学霞，也已分别在钟山皮鞋厂、知青园艺厂工作。之后儿女们也都先后结婚，各自家庭也都父母慈，子女孝，其乐融融。

对儿女们的事情，夏淑琴老人已不用操多大心了。早些年精力好时，也曾搭把手，帮儿女们带带他（她）们的孩子。虽然会辛苦点，但小小孙辈们的天真活泼、童言稚语，也给她带来舒心的乐趣。每当孙辈们一口一个“奶奶”，一口一个“外婆”，甜甜地喊着她时，她就会感到特别高兴，而忘却一天的疲劳。后来这些孙辈们都先后上学了、工作了，或已成家了，但一有时间，他（她）们就高兴地过来看望她，陪她说说话，为她做做事，而且还常给她带来些好吃的以及生活用品。

夏淑琴退休后在美龄宫做过一段时间的清洁工作，随着年纪变大和照看孙辈，也就不再外出做工了。在家里除了做做家务和帮带孩子外，也就有了较多闲暇时间，或到公园里散散步，听听鸟雀的婉转鸣叫，欣赏次第开放的鲜花；或者和邻居们聊聊天，说说各自的家常琐事，唠唠各人养生保健的体会。

随着时光的流逝，一晃间夏淑琴老人已至80岁高龄，虽然自觉身体还好，但也已是耄耋老人了。眼看着生日即将来临，老人家的子女们早早地就筹划要为她设宴祝寿。

起初，夏淑琴老人并不赞成，曾诚意劝阻说：“你们和孩子们工作、学习都忙，只要你们幸福、长进，我也就很满足了，实在不必为祝寿事忙活了！”

可子女们却另有一番情意殷殷的说辞：“这个我们可不能同意！您老人家一生坎坷曲折，辛勤劳作，抚养子女们成长，真是操尽了心，受尽了苦。而今我们都过着幸福生活，孩子们也已长大成人。如今我们一定要借此机会表达晚辈们对您的感恩之情，更祝您健康长寿！”

“好！好！那就听你们的！”夏淑琴老人最终还是高兴地答应了。

5月2日那天，正好是在五一假期中，风和日丽，百鸟婉啼。在南京麓园大酒店的入口电子显示屏上，正滚动播放着“祝夏淑琴老人生日快乐”的字幕。夏淑琴老人被子女及孙辈们簇拥着入座。侵华日军南京大屠杀遇难同胞纪念馆馆长朱成山也特意赶来祝寿，并敬献给老人散发着芳香的大束鲜花；还有晚辈送来亲笔书写的大大的“寿”字。宴席间，老人开心地执刀分割大蛋糕，请众人享用。在亲情融融的气氛中，朱成山及夏淑琴亲人举杯祝愿老人家继续健康长寿，安享晚年幸福生活。老人家笑逐颜开，也同祝朱成山馆长及子女晚辈们身体健康，工作顺利，学习进步！宴毕，老人家和亲友们喜盈盈地合影留念，一组组镜头将真情与祝福永久地存留了下来。

2008年5月2日，夏淑琴高兴地分切80岁生日蛋糕

2008年5月2日，夏淑琴在80岁生日宴会上与家人合影

2008年5月2日，朱成山馆长为夏淑琴80岁寿诞献花

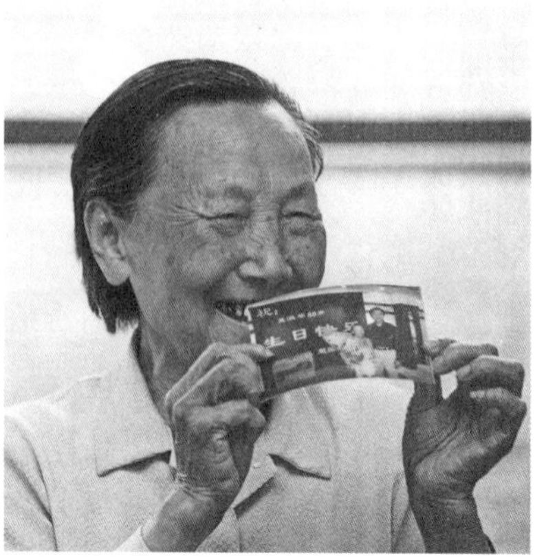

夏淑琴高兴地展示生日贺卡

当然，夏淑琴老人还会继续应邀到一些单位去做报告，或出席一些国际、国内的学术研讨会、座谈会，接受新闻媒体采访，以及参加南京大屠杀遇难者清明节祭扫活动等，以亲身经历讲述日军在南京大屠杀中残害自己家人的史实，悼念在劫难中遇害的亲人和所有遇难者。

夏淑琴（主席台右二）参加“日本侵略亚洲战争责任问题国际学术研讨会”（2003 年 9 月）

2010 年 8 月 29 日，夏淑琴接受中央电视台新闻中心系列节目《反法西斯胜利 65 周年》采访

2015 年 4 月 5 日，夏淑琴在南京大屠杀遇难者清明祭扫仪式上接受江苏电视台记者采访

2014 年 4 月 5 日，夏淑琴参加“南京大屠杀死难者遗属清明祭”仪式

2015年4月5日，夏淑琴为南京大屠杀遇难者名单墙献花

夏淑琴在这些讲述或报告中，还常发感慨，表示我们大家都要不忘历史，热爱和平，热爱祖国；我们大家都努力工作，共同建设好我们的幸福家园；只有国家富强了，任何外来敌人才不敢欺负我们，这样才能避免南京大屠杀那样的历史悲剧再次重演，也才能让千千万万个家庭永远不再遭受侵略者的蹂躏和残杀！

也可能是夏淑琴当年在中山陵做过园林工的缘故，所以她对城市园林有着特殊的亲近感情。空闲时间，常常到临近公园或道旁绿荫下散散步，看看景，听听鸟叫。特别是每当春天来临时，尤爱早早就随处开放的二月兰。那浓淡相间的一簇簇、一串串紫色小花，不但招惹成群的蜜蜂前来采蜜，而且还散发着幽幽的清香，沁人心脾。每当这时候，她就会禁不住地哼唱起“和平之花紫金草”的歌儿来。

与这首歌相联系，还有着一段历史与现实交汇相融的感人故事。

那是1939年春天，原侵华日军卫生材料厂厂长兼军医山口诚太郎被征召入伍来到南京。在这里，他亲眼所见战争留下的废墟、炮火崩塌的城墙，也亲耳听闻日军在入城后所犯下的惨无人道的大屠杀罪行，内心深感不安。此时，紫金山下历经寒冬而发芽生长，挺直秆茎而随处绽放的二月兰，吸引了他的目光。尽管当时他并不知道这种紫色小花，南京人会叫它什么名字，但却惊羡于这种小花所具有的优雅姿态，惊叹于它不惧严寒及随遇而安的顽强生命力，而且还感觉这种轻摇曼摆的有灵性的小花，似乎在诉说什么，期盼什么。于是回国前，他在紫金山下采集了一些二月兰种子，小心地带回日本，栽种于庭院之中，并取名为“紫金草”，以此表达他对那场侵华战争的深深忏悔和对和平的殷切渴望。几十年间，他每年都要乘坐火车，将不断采集到的紫金草花种和着泥土从窗口抛出去，以便让它在日本大地随处生长、开花。之后他的儿子山口裕又继承父亲遗愿，将紫金草种子广为播撒，广为赠送。而今紫金草已在日本许多地方落子开花，生生不息，并被誉为“和平之花”，时刻提示着日本民众不要忘记那段不幸的过去。

20世纪80年代，山口裕在媒体发表文章，讲述他的父亲与紫金草的故事。恰巧词作家大门高子读到了这篇报道，深为感动，便和作曲家大西进深入采访，以紫金草的故事为背景，创作了合唱组曲《紫金草的故事》。这部组曲被日本音乐界誉为“第一部反省侵华战争，呼吁和平”的合唱作品，因而被日本各地的合唱团争相传唱。后紫金草合唱团很多次来到中国，在南京、北京、上海等地进行访问演出。其主题曲“和平之花紫金草”的唱词：“花的种子哟，来自大海的彼岸，带着期待哟，在这里生根开花。和平的花，紫金草……”，深深地打动了南京以至中国的观众。

夏淑琴作为南京大屠杀的幸存者，也应邀多次观看了日本合唱团的演出，并和他们友好交谈。令夏淑琴印象深刻的就是合唱组曲中的那首主题曲，其中所蕴含的“不忘历史，珍爱和平”的呼唤，就是她的心声，全场观众的心声。此后，她学会了唱这首歌，南京的很多市民、学生也都学会了唱这首歌。

故事还在继续——

2007年3月，侵华日军南京大屠杀遇难同胞纪念馆扩建时，山口诚太郎的儿子山口裕筹集了1000万日元，在纪念馆和平公园内捐建了“紫金草花园”，以此表达中日两国人民世代友好、共同期盼和平的愿望。2009年4月18日，由日本和平友好人士倡议并捐资塑造了象征和平的“紫金花女孩”铜像，在纪念馆和平公园内落成。该铜像高1.17米，表现的是中国抗日战争时期一个七八岁的南京女孩，站立在紫金草花园的一块山石上，睁着纯真的双眼，看着那个战乱的世界，又手举着一株紫金花，祈祷着人世间永远没有战争。

关于这个“紫金花女孩”铜像的原型，有说就是夏淑琴，有说不是。事实上可以说“是”，也可以说“不是”。说“是”，是因为夏淑琴当年家庭遭难时她就是8岁，而且她家里被日本兵杀害的亲人之多，以及受害亲人遭受蹂躏程度之残忍，在大屠杀所有受害者家庭中都是少见的；并且她自己在严重受伤后还能在艰难的环境中坚强地活了下来，也实在是一个典型。因为这些原因，她对侵略战争的憎恨和对和平的期盼是鲜明的、强烈的。说“不是”，那是因为在南京大屠杀中，有此劫难、有此经历、有此期盼的女孩何止夏淑琴一人，在那场惨绝人寰的浩劫中，又有多少女孩与夏淑琴

“紫金花女孩”铜像

的经历相同、相似？因此，从这个意义上来说，“紫金花女孩”，更可能是代表了包括夏淑琴在内的千万个南京女孩的群体形象。

晚年的夏淑琴老人，因她亲历日军南京大屠杀，亲历自己家庭所遭受的极为悲惨的劫难，所以她还经常接受一些新闻媒体、研究工作者等的采访。这样的次数多了，她也就和他们中的一些人成了十分要好的朋友。于是，采访有时就成了朋友间的轻松聊天。在她所认识和熟悉的朋友中，莫过于时任侵华日军南京大屠杀遇难同胞纪念馆馆长的朱成山了。

一次，朱成山来到夏淑琴老人家里看望。一见面，她显得很高兴，开心地拉着朱成山的手，忙招呼坐下，泡上香茶，接着就记忆犹新地对朱成山说：“朱馆长，你记得吧？1994年8月，是你带我去日本参加证言集会，那是我头一次出国。我们去过东京、广岛、大阪、千叶、长崎、神奈川6个地方呢！”

朱成山回答说：“夏妈妈，您的记忆真好，那是纪念馆第一次带大屠杀幸存者到日本参加证言集会。从那以后，我们每年都组织幸存者去日本参加证言集会。但有个新的情况，从今年开始，考虑到幸存者年事已高，就采取播放幸存者的证言录像了。”

接着，朱成山询问夏淑琴老人最近身体和生活情况。

夏淑琴老人笑盈盈地回答说：“谢谢挂念，一切都好！我现在每天起床很早，收拾好之后会下楼走走，活动一下，也会跟邻居聊会天，但不会聊太多。晚饭一般5点多就吃了，天黑就不出门了，会在房间看一会电视，7点多就早早上床睡觉了。”

她还告诉朱说：“我现在就住在栖霞区百水家园这儿，有时候会在马群二女儿家住一段时间，那里比较清静。我现在还可以自己一个人烧饭呢！”①

看到夏淑琴老人身体状况不错，精神也很好，朱成山感到很欣慰，告别时衷心地祝福她老人家保重身体，健康长寿！

夏淑琴不堪回首12·13

夏淑琴祭奠亲人，祝祷和平

2016年12月17日上午，第三个国家公祭日刚过去三天，朱成山陪同美国纪念南京大屠杀联合会会长刘祥，再次专程看望并采访夏淑琴老人。

当一行人来到仍住百水家园的夏淑琴老人家中时，夏淑琴老人依旧表现得很高兴，她热情地欢迎老朋友朱成山及所陪同一道而来的美国客人刘祥先生。刘祥是夏淑琴老人于上个月，赴美做幸存者证言采集时刚认识不久的新朋友。人言一回生，二回熟，这次能在南京的家中会见美国客人，也是一种缘分。

朱成山对夏淑琴老人说：“我昨天刚从日本回来，并从日本给您带来些礼物。日本的朋友让我向您问好！”接着，刘祥也给夏淑琴老人带来了在美国准备的礼物。

夏淑琴老人连声说：“谢谢！谢谢！你们太客气了，这么冷的天，你们还大老远地来看望我，真是谢谢你们了！”

在招呼新、老朋友落座后，夏淑琴老人回忆起不久前去美国洛杉矶采集证言，并参观美国洛杉矶和平与人权资料馆的情况。此时，刘祥也将当时用手机拍摄的夏淑琴美国之行的照片打开给她看。

朱成山看到夏淑琴老人的身体仍然很好，就对她说：“您老是1929年几月份的

① 参见曾向东、徐康英、朱成山主编：《历史与记忆——117户南京大屠杀受害家庭（族）微观史调查与研究》（上册），南京出版社2019年版，第8页。

生日？明年是南京大屠杀惨案发生80周年，恰逢您88岁，日本友人希望您再次去日本，他们说要在日本给您过米寿。不久前我赴日本访问，在15天时间里做了11场报告，期间所见到的日本朋友希望明年您老能再去一次日本，说您当年开了个头，明年再请您去收个尾。”

夏淑琴老人说：“谢谢这些日本友人了，难得他们还记着我的年龄，我是5月5号的生日。1994年8月，馆长你带我去日本东京等6个地方参加证言集会时，所结交的一些日本朋友至今我还记得。”

于是，她非常高兴地接受了日本友人的邀请，并表示：“如方便，我可将两个女儿也带上一同去，我年龄大了，途中也好有个照应。”

说到年龄，勾起了朱成山馆长的一段回忆，他对夏淑琴老人说：“记得您老80岁生日时，我们纪念馆曾送您一台彩电，还是我送到您家的。”

提起这事，夏淑琴老人连忙站起来说：“对！对！是有这回事！”随之，她就领着朱成山来到她的卧室，指着地柜上的那台彩电说：“谢谢！我现在还一直在用，效果好着呢！”作为纪念，朱成山和夏淑琴老人还站在这台电视机旁合了影。

再次落座后，朱成山谈到前几天刚刚举行的第三次国家公祭。夏淑琴老人深情地说：“全国人大立法，将每年的12月13日作为国家公祭日，这个意义太重要了！我知道，在推动设立国家公祭日方面，你朱馆长是做了很多工作的，而且这几年连着组织国家公祭日活动，中央领导要来，还有那么多人到现场参加悼念，你也一定辛苦了！”

说到这里，夏淑琴老人想起，在为南京大屠杀中的死难者举行国家公祭前，江苏卫视还对她进行了采访，并且为她拍了全家福照片。

于是，夏淑琴老人从书柜里取出全家福照片，这是一张放大了的彩色照片。她兴奋地指着照片上的每一个人，告诉他（她）们都是谁。看得出，照片上全家人的脸上都洋溢着幸福的笑容。

此时，夏淑琴老人忽然收敛起笑容，眼前似乎又浮现起当年那个悲惨的场景，不无忧伤地说：“朱馆长啊，你是知道的，那年日本兵在南京进行大屠杀时，一下子杀害了我家7口人，只剩下我和妹妹，这件事是想忘记但总也忘记不了的！”

说着，夏淑琴老人拢了拢头上的花发，又转而开心地说：“现在我很幸福，国家和政府也关心我们。如今我家已是四世同堂，有19口人。他们中工作的工作，上学的上学，还时常地来看望我。包括你朱馆长，也是常常惦念我，一有机会就来看望我的呀！”

就在这轻松的谈话和采访中，夏淑琴老人忽然起身，搬来把凳子靠放在书橱前，

夏淑琴全家福照

然后非常利索地站了上去，就在大家不明白老人家要做什么的时候，她已从书橱顶部取下一件似乎神秘的东西，拿给大家看，原来是一幅有些发黄变旧的老照片。

她指着照片上的人物告诉朱成山，说这是抗战胜利那年，她和小妹淑芸与舅舅一家的合影照，这都过去40多年了，很珍贵的。提起妹妹来，她说："妹妹后来在安徽淮海机械厂工作，妹婿谢家培也在那个厂工作。她们一家现在就住在合肥，也生活得很好。我们之前还常联系，都是我去看她，因为她不能坐车，容易晕车。现在我们年纪都大了，联系自然少了些。"

接着，夏淑琴老人还从房间柜子抽屉里，小心地拿出一个塑料袋，随后小心翼翼地一层层打开来。大家都围上去看，原来里面是许多证件。老人眼里放着光彩，又一件一件地指给大家看，说："这是我和老伴的工作证、退休证。这是老伴当年的退伍证、立功证。这些证件我一直好好地保存着，有时候想念老伴了，就拿出来看看……"

当时在场的还有和夏淑琴老人同住一个小区的她的大女儿张学萍。当她看到母亲精心保存的这些有意义的老证件时，惊奇地说，这些连她也从来都没有看见过。

夏淑琴老人脸上掠过一丝略有腼腆的微笑，说："今天是成山和美国客人来了，才拿给你们看，平常我都没有给别人看过，包括子女们。我是怕有丢失或损坏啊！"

朱成山真诚地谢谢夏淑琴老人家的信任和好意，在征得她的同意后，对这些有着深厚历史记忆的老证件，也是小心翼翼地进行了翻拍。

夏淑琴老人虽然年龄大了，但一辈子劳作的她，也总是闲不住。她把家里收拾得很整洁，非但地面干净，就是所有的器物，也都有条有理地各自归位。

她还告诉朱成山说："我现在都是将近90岁的人了，也不敢再爬到窗台上擦玻璃了，前几年我还是自己擦呢！再说，即便我还能上去擦一下，儿女们也不放心啊！我们老人看管好自己，身体还健康，这也是对子女们工作和生活的很大支持呢！"

听到老人家这段话，大家会心地笑了！

轻松而愉快的聊天与采访就要结束了。临别时，夏淑琴老人坚持着把朱成山和美国客人送到楼下，并在单元门口与他们合影，然后大家才依依不舍地挥手告别。①

夏淑琴老人，作为侵华日军南京大屠杀中的幸存者、见证者，她本身就是一份活的历史记录，一件活的历史档案。在她的面前，任何企图否定南京大屠杀史实的日本右翼分子，注定会遭到铁的历史事实的严重打击。同时，作为幸存者的她，也吸引着社会各界关注的目光。人们关心她，敬重她。与其他幸存者一样，她也得到"援助幸存者协会"的帮助和照顾；身体情况允许时，还参加该协会组织的秋游活动；每年还能收到该协会所给予的慰问金和慰问品；看病时在医保报销后的自付部分，还能予以二次报销等。这些来自社会各方的挚爱和关怀，使夏淑琴老人倍感温暖、舒心！

在夏淑琴老人安享晚年的这段时光里，还有一件令她非常欣慰并值得珍惜的一件大事，就是在2009年中，为庆祝中华人民共和国成立60周年，在南京各界群众中开展了评选60年来感动南京的30位人物活动。根据条件，这些人物是要能够为推动社会进步、时代发展作出重要贡献的典型代表。恰恰夏淑琴在这几十年的时间里，以放不下的历史责任感，讲述家庭在南京大屠杀中的悲惨遭遇，控诉日军残害南京人民的累累罪行；伸张正义，坚持申诉，打赢日本右翼分子侵害其名誉权官司而讨回公道；呼吁以史为鉴，珍爱和平，弘扬爱国主义精神。这些经历与事迹，深深地感动了南京人民。于是，经过热烈讨论和踊跃投票，她荣幸当选。2009年9月，中共南京市委、南京市人民政府隆重授予夏淑琴"新中国成立以来感动南京人物"的光荣称号，并颁发证书、证章。另外，当年中国邮政还发行了印有夏淑琴头像的邮品。

此后，在2014年第一个国家公祭日之前的12月9日，夏淑琴老人还荣获由侵华日军南京大屠杀遇难同胞纪念馆颁发的"特别贡献奖"，是继李秀英之后，第二个获得这一奖项的幸存者。

---

① 参见朱成山、刘祥、徐康英、王南：《采访南京大屠杀受害家庭幸存者夏淑琴日记》，2016年12月17日。

2009 年 9 月，夏淑琴荣获“新中国成立以来感动南京人物”称号

夏淑琴获颁的“新中国成立以来感动南京人物”荣誉证章

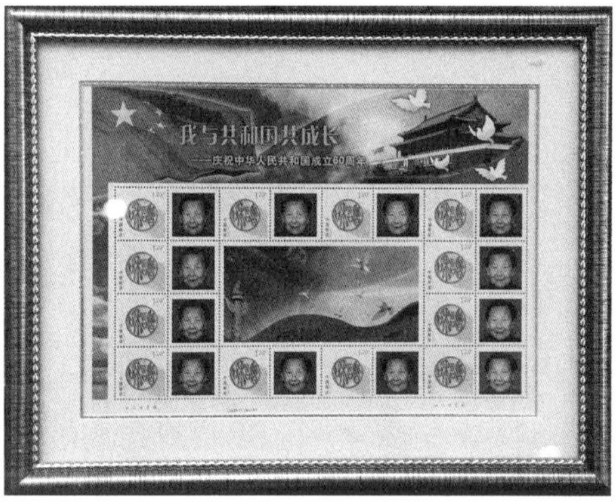

中国邮政发行的印有夏淑琴肖像的邮品（2009 年）

夏淑琴参加公祭仪式

夏淑琴老人，到 2020 年 5 月已经 91 岁了，在人生旅程中走过近一个世纪。她有过快乐、烂漫的童年；可不曾想在 1937 年 12 月 13 日，她的家庭突遭劫难，可恶的日本兵杀害了她家 7 口人，真是锥骨铭心啊！

之后，她在艰难与奔波中成长着，生活的困境培养了她正直善良的优良品质，也磨炼出她吃苦耐劳的坚强性格。

1949 年南京的解放和中华人民共和国的成立，给她带来欢乐和对未来的美好希望。她走向社会，听闻新鲜事儿，进夜校读书，实现儿时渴求知识的愿望；她喜结良缘，操持家务和支持丈夫工作；她珍惜工作机会，在平凡的岗位上为国家建设做着积极贡献。

退休后的她，开始了生活的新天地。她到许多单位讲述家庭遭遇，告诉人们不要忘记历史，要爱我们的国家；她还到日本参加幸存者证言集会，呼吁和平，并坚决维护大屠杀幸存者权益，反对日本右翼分子对历史的公然歪曲。

2014 年 12 月 13 日，当第一个国家公祭日在侵华日军南京大屠杀遇难同胞纪念馆举行时，她和中共中央总书记、国家主席、中央军委主席习近平，一起为公祭鼎揭幕。此刻，她从心底感到我们国家的强大，人民生活的幸福，历史没有被人们遗忘。她抬头仰望天空，那群飞的和平鸽，代表了中国人民和全世界人民对和平的衷心向往。

当她看到自己的子女，以及孙辈们、重孙辈们常围绕在自己身旁时，幸福的感觉充实于她的内心，同时喜悦的心情也会洋溢在她饱经沧桑的脸上！

附记　秋日两访夏淑琴老人

夏淑琴老人之前曾多次口述她家 9 口人中有 7 口人在侵华日军南京大屠杀中惨遭杀戮的史实，并回忆她从劫难中逃生及后来艰难曲折的生活经历，忆及在新中国成立后上夜校，参加工作，婚后家庭和睦幸福的情况，同时也述说如何起诉污蔑她的日本右翼分子，并一胜、三胜名誉权官司的历程。本书在撰写过程中，除引用或参考夏淑琴老人的口述、回忆、述说之外，尚有一些有关她生平的具体细节问题，亦曾多次通过她的外孙女夏媛女士，转询夏淑琴老人或老人的其他亲属，并且得到尽可能详细和确实的口头答复与文字相告。

当撰稿完成并于 2020 年 10 月由南京出版社提供一校样后，本人通过夏媛女士联系，于当月 26 日上午，赴夏淑琴老人居住的百水家园小区看望老人。

一路乘车穿过风景如画的紫金山环陵路，顺利、如约进入百水家园小区。

进入小区，首先映入眼帘的是，小区内横竖成排的行道树，曾经葱盛的碧叶，现已绿中染黄，黄中透橙，橙中缀红，放眼望去，色彩斑斓，美不胜收。正欣赏间，“扑棱”一群小鸟从空中掠过，叽叽喳喳鸣叫着，悠悠然落在一棵大树枝梢上。这时，从小区不大却很精致的景观广场方向，传来阵阵似曾熟悉的歌声，原来正有几位老人围着录放机播放的音乐，在那里击掌合唱。在他们周围，亦有三三两两的老人或坐在长椅上聊天，或拢坐一起打牌、下棋，偶有幼童绕步于老人身边，“爷爷”“奶奶”“外公”“外婆”地甜甜叫着。

我惊讶于小区内环境如此整洁，虽是秋风频临之际，但地面上几无落叶碎草。正疑惑中，迎面走来几位老人。她们统一着装，臂膊上佩戴着鲜红的“志愿者”袖章，手里拿着 1 米多长的细细夹杆，边走边巡察着道路中间及两侧的人行道，不时夹起刚刚飘落的叶片及其他碎屑杂物，稳准地放入收纳袋中。看得出，她们工作得很认真，神情又都很惬意。观其轻松愉悦的面容，听其乐呵喜呵的交谈声，我想，她们自豪于自己能为小区做点贡献吧！

我向志愿者们打听夏淑琴老人所住的19栋楼在哪个方向，她们转身争相着手指前方，热情地告诉我前走不远便是。我道过谢，即径直前行到了该栋楼下，然后上得三楼某室前，想着就是夏淑琴老人的家了。

“叮铃铃”，我按响门铃。

随着室门“吱呀”一声打开，夏淑琴老人与其外孙女夏媛已站在门庭处。因之前已有联系，她们知道在这个点来的应该就是我了。

“夏妈妈好！”我大声地问候着，跨前一步握着老人家的手说：“我看望您老人家来了！”

“好！好！谢谢你大老远来！快请坐！”老人家听到我说的话，脸上现出热情的笑容，并连声招呼我坐沙发上。

老人家见我还带了些礼物，忙不迭地表示：“你来就来了，莫要带什么东西来啊！”

我解释说：“这是我的一份心意、孝心。您是老人，带点东西是晚辈敬意，应该的，应该的！”

老人边吩咐外孙女夏媛赶快给客人泡茶，边关心地问询来时路上可曾顺利。我说这里交通还方便，小区环境也好。老人说，这里以前道路也不通畅，周围环境也不算好，近些年政府不断建设，交通、环境、买东西等条件是越来越好了，我们住在这里很舒心呢！

我原来还顾虑老人家听力下降，听不清我说的话，现在看来，只要我声音大些，语速慢些，表达平俗些，老人家大体上还是能够听懂我的话。有时她遇到听得不太明白的地方，就扬起头，求助似的望向她的外孙女夏媛，于是，夏媛也就“翻译”或转述给她外婆听。

本书作者杨颖奇与夏淑琴老人在家中合影

夏淑琴老人拉着我的手说：“她们告诉我说你要来，可我不认识你。”

随之，我向老人家做了自我介绍，说以前您在我们单位或研讨会上作侵华日军南京大屠杀暴行报告时，我多次听您讲过您家人的遭遇，后来也关注您打官司，告倒日本右翼分子的情况。

接着，我向老人介绍了为她写传的课题立项以及撰写情况，叙述了本传记的基本框架与主要内容，并告知之前在写作中询问关于她生平的一些情况时，都是通过夏媛代为联系与了解的。

老人家点点头："嗯，媛媛是问过我几次，凡能记起来的就都告诉她了。"

谈话中一旦提及老人家生平中的某个话题，似乎就打开了她记忆深处的闸门，由此娓娓道来，其中有些鲜为人知的细节材料之后也补充到书稿中。

老人家在谈话当口，不时让我品饮热茶。于是，借着喝茶的功夫，我注意打量了一下老人家里的环境和陈设。室内面积虽说不是很大，但窗明几净。一些普通的沙发、家具，摆放得有序，素雅净洁。所有生活用品，亦是归类整齐，并无杂乱之相，由此可见主人的用心和偏好。墙上悬挂着好友向老人家的祝福字画，而窗外则可直观小区里的景观树丛，间或可闻见不知从哪个方向飘来的晚桂的淡淡清香。

我想，老人家里这般整洁，怕是缘于她自小时起，就帮做和打理家务，后来又在中山陵园从事园林及清洁工作，且一生勤劳，故能终生保持这个优良传统和习惯吧！我称赞老人家里收拾得如此干净整洁，实属不易。

老人家接过话头回应说："我是爱干净。前些年家里搞清洁基本上都是我做，现在年龄大得多了，这些事都是家里其他人做，我也就是得便简单收拾下小东西罢了。"

啊！这可真是勤劳家风时时在，传统美德代代传！

我拿起清样稿件，翻页给老人指看中间有关老人家的一幅幅历史照片。老人家凑近些细观，也大多能看出这些照片当时拍摄的背景及所反映的情况。

如看见她和曾任侵华日军南京大屠杀遇难同胞纪念馆馆长朱成山的合影照，便高兴地说，朱馆长人很好，无论是在南京或陪同我去外地和国外，他对我都很照顾，很关心，也常常来家里看我。据说他现在被常州大学特聘去做教授，我很想念他。

看见她年少时与舅舅一家人的合影，则若有所思地深情回忆说，我舅舅、舅妈都是好人。那时舅舅家孩子较多，生活艰难，但舅舅、舅妈尽可能地关心我、照顾我、教育我。那时安全区里的德国人拉贝先生归国时要带我到国外生活，舅舅就是舍不得我，一定要把我留下来。我大些后，就帮舅舅、舅妈做事，或去别的人家帮工，我从小就能吃苦，干活不怕累。

作者与夏淑琴老人一起看书稿

看见她与丈夫张鸿章的结婚照，她轻轻地抚摸着这张照片，沉默了一小会儿，方缓缓地说，一晃六十几年过去了，我丈夫人很不错，人很诚实，工作努力，多次立功，在单位和同事的关系都很好。不曾想他刚退休，不到 60 岁就去世了。他要是还活着，看看如今的儿孙满堂和幸福生活，该有多高兴啊！

看见紫金山与中山陵园的几幅照片，她开心地介绍说，我那时在中山陵园工作，做园林工，种植西瓜等水果，也养护花花草草。工作很愉快，每到瓜果收获季节，我们虽然有些忙碌，但大家心里都是喜滋滋、乐呵呵的。那里环境不错，我现在已 90 岁出头，身体还算好，说不定就是那些年在中山陵园工作打下的基础呢！

看见她第一次在日本参加证言集会时做报告的多幅照片，她印象深刻，回忆说，那是我第一次出国，在日本许多集会上做报告，讲遭遇，呼唤和平。别看底下坐着许多人，我一点儿都不胆怯，我把我经过的事实都说出来。日本人中也有很多有良心的人，他们同情我的遭遇，有许多人还当场哭泣起来。那时节是 8 月天，天气很热，我拉个箱子，乘飞机，坐火车，跟着团队在日本各地奔波，也不觉得多累，那时我年龄也还不算大吧。后来还多次去日本参加证言集会，还应邀到美国洛杉矶参加证言拍摄。我有责任啊，我就是要把日本士兵作恶的情况告诉日本、美国等国家的人民。

看见在南京、日本打官司的多幅照片，她气愤地说：日本有几个右翼分子，竟然污蔑我是假证人，不存在，大屠杀也是没有的事。这不是睁眼说瞎话吗？我家 7 口人被杀害，当年马吉和拉贝都是证人，所以我要起诉他们。后来几场官司都打赢了，这要感谢很多人，特别是南京律师谈臻。说起谈臻，老人家眼眶似乎有些湿润，她深情地回忆说，谈律师也是个好人呀，为这几场官司，他和其他一些律师费了很大心血、精力。可是他怎么在今年 6 月突然间就去世了呢！

看见国家公祭的几幅照片，她兴奋地说，能够和习总书记一起为公祭鼎揭幕，是自己最大的荣幸。公祭日的先一天晚上，我就激动得睡不着觉。第二天，国家公祭仪式很隆重地举行，后来习总书记还接见了我们这些幸存者代表，并且关心地问候我们的身体状况。以后几年的国家公祭日，我都去参加。你看，再过不长时间，国家公祭日就又要到了，今年我还是会去的。

看见老人家获得“新中国成立以来感动南京人物”的几幅照片，老人家还起身打开客厅的玻璃柜门，小心翼翼地拿出那些获颁的荣誉证章、证书，说这些证章等我都好好地保留着呢。虽然说我也没有作出多大贡献，但政府和市民还那么看重我，信任我，我都不好意思呢！

看得出，书稿中直接记录夏淑琴老人一生经历的近百幅照片，差不多都能勾起老人家难以磨灭的回忆与感想。

在我和夏淑琴老人愉悦的交谈过程中，老人家的外孙女夏媛还抓住时机，为我和老人拍了几张合影照片，这自然是很有纪念意义的。

作者与夏淑琴合影

不知不觉中，时间过去一个多小时了。我不忍再多打扰她老人家，遂起身告辞，并祝愿她保重身体。临出门，老人家还亲切地拉着我的手，嘱咐路上注意安全，有空就常来坐坐……

11 月 6 日，又是一个天高云淡、秋阳暖照的日子，我带着夏淑琴传的第二稿清样，在提前联系好后，再次敲开夏淑琴老人家的房门，受到老人家和她二女儿二女婿的热情相接。

“夏妈妈，我又一次来看望您老人家了！”

“好啊！欢迎啊！”

真是一回生，二回熟。话音刚落，我就和老人家在沙发上坐下交谈。我告诉夏妈妈，说给您写的这本传记，按计划要在 11 月底前后出版。上次和您相谈后，又补充和修正了些内容。今天我带来的是修正后的稿子，如还有些什么补充的，可以再补充。于是又给老人家翻看了书稿中的有关图片，并将增写的有关部分告诉老人家。

老人家听我讲完后，倒是表述了一个发自内心的意愿：“你们要为我写书、出书，我想着我担不起，我就是平平常常的人，也没有作出什么大的贡献啊。要不你们还是写写别的更适合的人吧！”

看着老人家的真情表露，我也发自内心地真诚回答：“夏妈妈您可不能这样说。您有 7 位亲人在日军的大屠杀中被残杀，您从劫难中逃生，您是千千万万幸存者中的代表人物。现在您就是活着的证人。您的存在，会使日本那些想否定南京大屠杀史实的右翼分子感到心虚、害怕。”听到这里，老人家说：“这倒也是，我就是要活着，要等到日本人向我们这些幸存者，向全体中国人民公开道歉、谢罪！”

我接着给老人家解释：“另外，您面对日本右翼分子对您的污蔑、造谣，勇敢地拿起法律武器，在南京告倒他们，在日本也连着告倒他们，捍卫了您的名誉权，这在国内外都是有影响的。以后再有什么右翼分子否定南京大屠杀暴行，诽谤幸存者，就得掂量掂量，他们也怕再重蹈法庭惨败的覆辙。所以，您对反击日本右翼分子的狂妄胡说，对打赢跨国名誉权官司，是作出积极贡献的。”老人家插话说：“是这个情况，那些坏分子如果再污蔑我，我还要再告他们，让他们再一次失败！”

我继续告诉老人家：“还有，2014 年 12 月 13 日，在第一次举世瞩目的国家公祭仪式上，您作为幸存者代表，和习近平总书记及少先队员代表一起为公祭鼎揭幕，这可是有重大历史意义的事件，全国人民以及世界上的许多人都在观看这历史的一幕，并从中看出中国人民铭记历史、面向未来、珍爱和平的信念和美好愿望。”对此，老人家点点头说：“国家公祭这件事确实太重要了。和习总书记一起为公祭鼎揭幕，我是激动得永远也忘记不了！”

举出上述理由，我推心置腹地告诉夏妈妈：“您老人家完全有资格接受为您写书立传，这可不单单是您个人的事，也是告慰您遭受劫难的亲人，也是记载一段历史。所以，为您老人家写书立传还是很有意义的哟！”

听到这里，老人家似有所悟，虽然感觉仍有点不好意思，但也不再说什么了。

之后，我换个话题，询问老人家平常的生活。她说：“我现在年纪大了，耳朵也背，和别人交谈有困难，我更多的是在小区里走走，呼吸呼吸新鲜空气。有时也到大女儿家、小女儿家住一段日子。看见孙辈们、重孙辈们工作的工作、上学的上学，我很高兴，很舒心啊！”

我说：“您老人家要多多保重身体，往后还有更多的幸福生活要您享受。您的健康，就是家里的一宝，就是家里子孙辈的福分。不久前重阳节，南京新闻报道，到去年底，南京就有399位百岁及百岁以上的老人健在。以您的良好心态和身体状况，也能够健康地活到100岁以上。到那时，我们大家再来为您庆贺百岁寿诞！”

听到这里，老人家开心地笑了。

作者与夏淑琴老人亲切交谈

又是一个多小时过去了，我依依不舍地向夏妈妈告别。她老人家在门口频频招手：“有时间常来啊！”

走出小区，不远处就是披着彩妆的巍巍紫金山。不知怎的，隐隐约约中似听见山谷中还回响着当年南京保卫战时的隆隆炮声，朦朦胧胧中感觉树木草丛间仍凝固着日军大屠杀时我遇难同胞的殷红血迹，而不知不觉中眼前又幻化出人民解放军百万雄师横渡长江，将红旗插上总统府门楼的激动场景。遐思间，正有轰隆隆的标有“复兴号”的高速列车鸣叫着，风驰电掣般奔向远方……

主要参考文献

张宪文主编:《南京大屠杀全史》,南京大学出版社2012年版。

孙宅巍主编:《南京大屠杀》,北京出版社1997年版。

孙宅巍著:《澄清历史——南京大屠杀研究与思考》,江苏人民出版社2005年版。

张生等著:《南京大屠杀史研究》,凤凰出版社2015年增订版。

孙宅巍、李德英著:《南京大屠杀全纪录》,中国文史出版社2012年版。

孙宅巍著:《南京大屠杀史研究与文献34·南京保卫战史》,南京出版社2014年版。

朱成山主编:《侵华日军南京大屠杀史最新研究成果交流会论文集》,南京大学出版社2001年版。

朱成山著:《为300000冤魂呐喊——朱成山研究南京大屠杀史文集》,新华出版社2001年版。

朱成山著:《为未来讴歌——朱成山研究和平学文集》,新华出版社2009年版。

朱成山著:《站在历史与和平的视角——朱成山研究文集》,南京出版社2013年版。

《侵华日军南京大屠杀史料》编委会、南京图书馆编:《侵华日军南京大屠杀史料》,江苏古籍出版社1998年版。

朱成山主编:《海外南京大屠杀史料集》(1—10册),南京出版社2007年版。

朱成山主编:《侵华日军南京大屠杀幸存者证言》,社会科学文献出版社2005年版。

朱成山编著：《侵华日军南京大屠杀外籍人士证言集》，江苏人民出版社1998年版。

张连红编：《南京大屠杀史料集③·幸存者的日记与回忆》，江苏人民出版社2005年版。

曾向东、徐康英、朱成山主编：《历史与记忆——117户南京大屠杀受害家庭（族）微观史调查与研究》，南京出版社2019年版。

胡菊蓉编：《南京大屠杀史料集㉔·南京审判》，江苏人民出版社、凤凰出版社2000年版。

中国人民政治协商会议南京市委员会文史资料委员会编：《中国战区受降始末》，中国文史出版社1991年版。

徐志耕著：《屠城——侵华日军南京大屠杀》，花山文艺出版社1998年版。

经盛鸿主编：《屠杀与抗争》，南方出版社1999年版。

朱成山主编：《南京大屠杀与国际大救援图集》，江苏古籍出版社2002年版。

侵华日军南京大屠杀遇难同胞纪念馆编：《南京大屠杀图录》，五洲传播出版社2005年版。

朱成山主编：《侵华日军南京大屠杀暴行日志》，南京出版社2004年版。

朱成山、李慧著：《从城祭到国祭》，江苏人民出版社2018年版。

蔡玉高、蒋芳著：《国家公祭：你应该关注的八个问题》，南京出版社2014年版。

朱成山、朱同芳主编：《国家公祭——解读南京大屠杀死难者国家公祭日资料集①》，南京出版社2014年版。

朱成山、朱同芳主编：《国家公祭——解读南京大屠杀死难者国家公祭日资料集②》，南京出版社2015年版。

张建军、朱同芳主编：《国家公祭——解读南京大屠杀死难者国家公祭日资料集③》，南京出版社2016年版。

张建军、朱同芳主编：《国家公祭——解读南京大屠杀死难者国家公祭日资料集④》，南京出版社2017年版。

张建军主编：《国家公祭——解读南京大屠杀死难者国家公祭日资料集⑤》，南京出版社2020年版。

[德]约翰·拉贝著，本书翻译组译:《拉贝日记》，江苏人民出版社、江苏教育出版社1997年版。

[日]东中野修道著，严欣群译:《南京大屠杀的彻底检证》，新华出版社2000年内部发行。

[日]松村俊夫著，赵博源等译:《南京大屠杀大疑问》，新华出版社2001年内部发行。

后　记

《述说与诉讼——南京大屠杀幸存者夏淑琴传》一书，启动于2018年。后历经近三年时间，于今撰成出版。

本书在撰写过程中，得到江苏省社会科学院研究员，江苏省中国近现代史学会常务副会长、江苏省文史研究馆馆员、享受国务院特殊津贴专家、南京大屠杀史暨民国史著名研究专家孙宅巍先生给予的宝贵指导。孙先生还于百忙中审阅了本书初稿，亦就有关内容与史实甄别提出重要修改意见，并提供了诸多研究资料、图片与信息等。同时，本书的撰写也得到曾长期担任侵华日军南京大屠杀遇难同胞纪念馆馆长、南京侵华日军南京大屠杀史研究会会长，并曾担任中共江苏省委外宣办副主任，现担任中国抗日战争史学会副会长、常州大学近现代史与红色文化研究院院长、红色文化主题教育馆馆长、张太雷干部学院院长、特聘教授朱成山先生的宝贵指导。朱先生曾就本书的书名、框架、撰写等提出重要意见，亦审阅了本书初稿，提出重要修改意见，并提供了有关珍贵资料及图片等。

本书在撰写过程中，得到“世界和平与人权教育基金理事会”的支持与帮助。南京侵华日军南京大屠杀史研究会顾问、南京市档案馆原副馆长徐康英女士，先期收集整理并提供了夏淑琴的有关历史档案、资料、照片（含部分拍摄）。南京晓庄学院商学院志愿者霍方婷参与了先期部分资料整理。另侵华日军南京大屠杀遇难同胞纪念馆保管处、南京市档案馆、中山陵园管理局人事处也提供了有关档案、资料和图片，并提供了扫描等服务。另外，江苏省社科院研究员、历史研究所原所长王卫星，南京市社科院研究员、原文化与历史研究所所长赵德兴，侵华日军南京大屠杀遇难同胞纪念馆文物部主任艾德林、南京抗日航空烈士纪念馆文史研究部主任高萍萍等先生或女士，亦为本书的撰写，提供了重要资料及有重要价值的编撰建议。

本书在撰写过程中，通过南京大屠杀幸存者、传主夏淑琴老人的外孙女夏媛女士，采访了夏淑琴老人及其家人，并两次拜访夏淑琴老人。夏淑琴老人及其家人与夏媛女士提供了夏淑琴老人的诸多生平史料，包括许多细节与珍贵图片等。

本书在编撰及出版过程中，始终得到南京出版传媒集团总经理兼南京出版社社长卢海鸣先生的重视与支持，责任编辑孙海彦女士亦付出大量心血。在前期撰写阶段，该出版社编辑聂焘先生亦给予本书的撰写以关注和支持。

对于以上所有对本书的撰写与出版提供重要指导意见及支持与帮助者，本人表示衷心的感谢！同时，亦对在撰写中所参考的诸种著作、资料集、图片集、通讯报道等的著作者、编纂者、图片拍摄者，表示衷心的感谢！

由于夏淑琴老人的经历至今已跨越90余年，其生平资料，特别是早期资料比较缺少；并因年代久远，其传主回忆与他人证言及一些学者著述，在有关细节上或有不同，因此本书在撰述中力求史料可靠，但犹恐存有疏漏与偏差，敬请各位专家、学者与读者朋友们不吝批评指正，于此先表示衷心的感谢！